MARTIN MANSER

SEGREDOS DE APRESENTAÇÕES

EDITORA
FUNDAMENTO

Sobre o autor

Martin Manser é um especialista em lexicografia e editor de livros. Desde 1980, compilou e editou mais de 200 obras de referência em inglês. Também atua como consultor e orientador de linguística para diversas empresas. Seus serviços de *coaching* incluem produção de textos, redação, edição e gramática. Manser é tutor do London College of Communication, da University of Arts, em Londres, e professor visitante e palestrante da Buckinghamshire New University.

"Um dos lexicógrafos mais brilhantes da Grã-Bretanha." Editores da Macmillan

Segredos de Apresentações

2013, Editora Fundamento Educacional Ltda.

Editor e edição de texto: Editora Fundamento
Arte da capa: TRC Comunic Design Ltda. (Marcio Luis Coraiola)
Editoração eletrônica: TRC Comunic Design Ltda. (Marcio Luis Coraiola)
CTP e impressão: Serzegraf Indústria Editora Gráfica
Tradução: Versão Comunicações Ltda. (Sabino Ahumada)

Publicado originalmente em inglês por HarperCollins Publishers Ltd.
Copyright © HarperCollins Publishers 2010
Copyright da tradução © 2010 Editora Fundamento. Traduzido sob licença de HarperCollins Publishers Ltd.
Os direitos morais do autor foram assegurados.

Todos os direitos reservados. Nenhuma parte deste livro pode ser arquivada, reproduzida ou transmitida de qualquer forma ou por qualquer meio, seja eletrônico ou mecânico, incluindo fotocópia e gravação de backup, sem permissão escrita do proprietário dos direitos.

Dados Internacionais de Catalogação na Publicação (CIP)
(Câmara Brasileira do Livro, SP, Brasil)

Manser, Martin
 Série Segredos Profissionais : Segredos de apresentações / Martin Manser ; [versão brasileira da editora] – 1. ed. – São Paulo, SP : Editora Fundamento Educacional Ltda., 2013.

 Título original: Business secrets : Presenting secrets

 1. Apresentações empresariais 2. Comunicação oral 3. Falar em público I. Título

11-14856   CDD-658.452

Índice para catálogo sistemático:
1. Apresentações : Comunicação oral : Administração
658.452

Fundação Biblioteca Nacional
Depósito legal na Biblioteca Nacional, conforme Decreto n.º 1.825, de dezembro de 1907.
Todos os direitos reservados no Brasil por Editora Fundamento Educacional Ltda.

Impresso no Brasil

Telefone: (41) 3015 9700
E-mail: info@editorafundamento.com.br
Site: www.editorafundamento.com.br

Este livro foi impresso em papel pólen soft 80 g/m² e a capa em papel-cartão 250 g/m².

Sumário

Introdução 8

1 Prepare a base **10**
1.1 Sobressaia-se da multidão 12
1.2 Conheça seus objetivos 14
1.3 Conheça a audiência 16
1.4 Avalie como as pessoas aprendem mais 18
1.5 Pense de forma criativa 20
1.6 Organize suas ideias 22
1.7 Pesquise cuidadosamente 24
1.8 Conheça o local 26
1.9 Verifique os lugares para sentar e os recursos disponíveis 28
1.10 Planeje cada estágio 30

2 Trabalhe bem suas palavras **32**
2.1 Mantenha sua mensagem simples 34
2.2 Refine a linguagem 36
2.3 Varie o estilo 38
2.4 Escolha as palavras com cuidado 40
2.5 Faça anotações claras 42
2.6 Escolha títulos atraentes 44
2.7 Prepare o ponto de partida 46
2.8 Prepare a parte intermediária 48
2.9 Encerre com algum ponto alto 50

3 Como trabalhar com o material de suporte e com os colaboradores — 52
3.1 Use o material impresso com eficiência — 54
3.2 Faça tabelas e gráficos trabalharem a seu favor — 56
3.3 Cavaletes flip-chart dão liberdade — 58
3.4 Domine a tecnologia — 60
3.5 Não deixe os slides estragarem sua apresentação — 62
3.6 Experimente as videoconferências — 64
3.7 Trabalhe em equipe — 66

4 Prepare sua mente — 68
4.1 Use palavras de ânimo consigo mesmo — 70
4.2 Desenvolva sua autoconfiança — 72
4.3 Controle seu nervosismo — 74
4.4 Ensaie sua apresentação — 76
4.5 Mostre entusiasmo — 78

5 Interaja com a audiência — 80
5.1 Quebre o gelo — 82
5.2 Não deixe o ritmo cair — 84
5.3 Adicione uma dose de humor — 86
5.4 Menos é mais — 88
5.5 Lembre-se. Lembre-se o tempo todo — 90
5.6 Ouça com atenção — 92

6 Tenha consciência de sua linguagem corporal **94**
6.1 Vista-se para o sucesso 96
6.2 Fique de pé e seja visto 98
6.3 Mantenha contato visual com as pessoas 100
6.4 Controle sua voz 102
6.5 Faça pausas para pensar 104
6.6 Fique em movimento 106

7 Aprenda com o retorno do público **108**
7.1 Decida quando permitir perguntas 110
7.2 Responda bem às perguntas 112
7.3 Responda educadamente a perguntas hostis 114
7.4 Realize uma discussão focada no assunto da apresentação 116
7.5 Avalie sua apresentação 118
7.6 Aprenda com seus erros 120
7.7 Seja perfeccionista em sua apresentação 122

Índice de jargões 124

Aprenda a fazer uma apresentação perfeita

Apresentações são realizadas para transmitir informações, explicar algo, mostrar alternativas, vender um produto ou persuadir as pessoas a seguir determinado caminho. Então, infelizmente, podem ser monótonas. Mas as suas não precisam ser. Escrevi este livro para guiá-lo passo a passo em sua preparação, para que a apresentação transmita a mensagem com eficiência e seja bem-sucedida.

Meu temperamento natural é ser tímido. Sendo o mais jovem de quatro irmãos, sempre fui mais do tipo ouvinte e geralmente guardava meus pensamentos comigo, sem manifestá-los. Com o passar dos anos, porém, gradualmente fui saindo do casulo e tomando coragem de me expressar. Tem sido uma batalha longa e, por vezes, difícil. Em várias ocasiões, tive vontade de dizer algo a grupos grandes de pessoas, mas não tive a coragem suficiente.

Agora, já tenho vários anos de experiência trabalhando em apresentações sobre os mais variados assuntos, e, aos poucos, fui me sentindo cada vez menos nervoso e mais confiante. Por isso, quero compartilhar algumas dicas, conselhos e técnicas que acabei precisando aprender da forma mais difícil.

Este livro consiste em 50 **segredos** sobre como fazer boas apresentações, divididos em sete capítulos:

- **Prepare a base.** Se você tiver uma ideia clara sobre como é sua audiência e o que pretende lhes dizer, já está no caminho certo para ser bem-sucedido.
- **Trabalhe bem suas palavras.** Você precisa reservar tempo para refinar suas principais mensagens e certificar-se de que sejam claras.
- **Planeje como trabalhar com os recursos de suporte e com os auxiliares.** O uso adequado de recursos visuais pode ter grande impacto. Uma foto realmente pode valer por mil palavras.
- **Prepare sua mente.** Pensar positivamente faz a diferença. É normal ficar nervoso. Você não precisa ter medo disso.
- **Interaja com a audiência.** Lembre-se de que está fazendo uma apresentação, não um monólogo. Um diálogo eficiente com o público garante que as pessoas de fato recebam o que desejam.
- **Tenha consciência de sua linguagem corporal.** Pesquisas mostram que a linguagem corporal é um fator importante para uma apresentação bem-sucedida.
- **Aprenda com o retorno do público.** Seja você experiente ou novato em apresentações, sempre há mais a aprender.

Se você seguir esses 50 **segredos**, saberá todo o necessário para fazer uma apresentação de sucesso. A audiência vai se lembrar das mensagens apresentadas e, tão importante quanto, vai se lembrar de você.

Experiente ou novato em apresentações, você pode causar impacto positivo na audiência e, sobretudo, gostar de fazê-lo!

Capítulo 1

Prepare a base

O sucesso de sua apresentação dependerá da preparação. Este capítulo explica as bases sólidas que você precisa construir para sua apresentação ser eficiente. É preciso pensamento criativo, organização de ideias e realização de pesquisas. Esse é o estágio da "tela em branco". Você precisará trabalhar com base nos objetivos finais que planeja alcançar. Pense em quem faz parte de sua audiência e na melhor forma de comunicar-se com ela.

1.1

Sobressaia-se da multidão

Primeiramente, dê um passo atrás e, em vez de pensar sobre o conteúdo da apresentação, pense a respeito de sua própria personalidade. Lembre-se de que sua audiência estará ouvindo e olhando para o apresentador tanto quanto para a apresentação.

Você não quer simplesmente despejar uma série de dados e fatos, mas dar identidade à apresentação e gostar de vivenciar esse processo. Os discursos mais interessantes, memoráveis e eficientes têm a personalidade do apresentador nitidamente estampada por todos os lados. Você quer mostrar seus valores e opiniões, e a audiência quer ouvi-los. Vejamos algumas dicas que vão ajudá-lo, desde o início, a desenvolver uma visão criativa e realmente positiva sobre você mesmo como um apresentador interessante:

- **Leia publicações de valor.** Devore seus sites favoritos. Leia periódicos de qualidade, como *The Economist*, *Time*, *Newsweek* ou publicações nacionais.
- **Pense, não leia apenas.** Pense sobre as questões básicas mais importantes. Reserve tempo para relaxar a mente das ações que exigem maior concentração. Tenha sempre uma caneta e papel ou aparelhos digitais equivalentes com você. Anote seus pensamentos e ideias – não importa quão estranhos possam parecer. Eles podem ser úteis.
- **Ouça, de verdade, as pessoas.** Ouça o que dizem... e o que não dizem. Reflita sobre o que está aprendendo. Converse com cole-

"Não se avalie pelo que conseguiu, mas pelo que deveria ter conseguido com sua capacidade."

John Wooden, lendário treinador de basquete

gas. Discuta questões e ideias. Expresse suas ideias mais recentes para avaliar as reações. Desenvolva ideias com as quais se sinta envolvido e entusiasmado.

- **Examine seus valores e princípios.** O que serve de motivação para você? A vida é cheia de decisões. O que o estimula a seguir em frente?
- **Preocupe-se com os outros.** Não fique tão autocentrado a ponto de negligenciar as pessoas ao seu redor, seja em sua comunidade ou no mundo em geral. Assuma posições em questões mundiais e envolva-se em ações práticas.
- **Amplie seus conhecimentos.** Quais são as áreas em que sente ter menos aptidão e que gostaria de desenvolver? Esboce-as e comece a trabalhar nos próximos passos para atingir seus objetivos.
- **Não se leve muito a sério.** Assista a programas na televisão. Relaxe – e ria de si mesmo.
- **Cultive seu lado espiritual/emocional.** Seja por meio da poesia ou da religião, tente fazê-lo. Não somos máquinas de pensar.
- **Cuide de sua aparência.** Assuma o controle de sua vida. Se está fora de forma, vá à academia com regularidade. Se quer perder peso, entre em algum programa de emagrecimento.

Cultive uma atitude positiva sobre si mesmo como um grande apresentador.

1.2
Conheça seus objetivos

É vital que você saiba por que vai fazer uma apresentação. É importante que defina em uma sentença o propósito de sua apresentação. Isso o ajudará a esclarecer o que deve incluir – e o que pode deixar de fora sem causar problemas à apresentação. Durante toda a preparação, tenha à sua frente uma meta concisa e claramente expressa, para orientar sua forma de pensar.

Pense no motivo pelo qual você foi chamado para fazer a apresentação. A apresentação pode não ser a única forma (ou a melhor) de comunicar uma mensagem.

Veja sua apresentação como uma das partes da comunicação de sua empresa ou organização. Outras formas de transmitir uma mensagem podem ser os e-mails, as intranets de empresas, os memorandos ou informes, os pôsteres, as discussões em grupo, os encontros individuais ou mesmo a comunicação via gerentes e chefes que tenham poder de

> **Minuto de reflexão:** Ao preparar sua apresentação, pode ser de grande utilidade imaginar como é a pessoa-padrão da audiência. Será que ele ou ela entenderá o que você diz e será persuadida pela mensagem? Imagine que a pessoa com quem você fala é um amigo bem próximo.

"Se você não sabe aonde está indo, provavelmente acabará em outro lugar."

Dr. Laurence J. Peter e Raymond Hull, autores de *O Princípio de Peter*

modelar comportamentos para gerar a confiança dos funcionários. Faça as seguintes perguntas sobre sua apresentação:

- **Quem está na audiência?** Como eles são? O que eles já sabem sobre o assunto? Dessa forma, você poderá ter certeza de que falará de maneira adequada para o nível deles.
- **Quais são as principais mensagens?** Você sabe com certeza quais são as informações e ideias essenciais que deseja comunicar?
- **O que você quer alcançar?** É o que você quer que as pessoas façam ou pensem, entendam ou aceitem, como resultado de sua apresentação. Você quer que seus colegas concordem com previsões de vendas? Ou que sejam persuadidos a comprar um novo produto? Como você avaliará a reação das pessoas para saber se alcançou seu próprio objetivo?
- **Como você vai fazer sua apresentação?** Por exemplo, quão formal será? Você estará de pé ou sentado? Que recursos visuais você utilizará?
- **Por quanto tempo você falará?** Haverá espaço para perguntas? Como é a sala de apresentação? Como a audiência estará sentada?
- **Qual é o quadro geral?** Como sua apresentação se encaixa no quadro geral de comunicações de sua organização?

Determine exatamente o que você pretende alcançar com sua apresentação.

1.3
Conheça a audiência

É importante que o foco de sua apresentação seja a audiência. Você deve encontrar formas de pesquisar a audiência, a fim de descobrir o nível adequado de linguagem a usar. Aqui temos oito pontos a levar em conta.

1 Quantas pessoas estarão presentes na apresentação? A maneira como fará sua apresentação variará imensamente se a audiência for de 5, 20 ou 200 pessoas.

2 O que a audiência já sabe sobre o assunto? Se você não sabe, pergunte ao organizador. Ter conhecimento disso permitirá decidir se é necessário incluir questões básicas ou quanto tempo deve ser usado para explicar jargões.

3 Quais as prováveis atitudes ou sentimentos da audiência em relação ao assunto que será apresentado – e em relação a você?

Estudo de caso: A falha de Adam ocorreu ao apresentar o discurso principal em uma importante conferência. Ele sabia que sua empresa havia pago muito para ter direito a esse discurso e, portanto, presumiu erroneamente que deveria fazer uma venda agressiva, com mensagens diretas. Na realidade, a audiência era formada por um grupo de destacados analistas,

4 Que expectativas a audiência têm em relação ao apresentador?

5 Os membros da audiência se conhecem uns aos outros? Eles têm boas relações entre si?

6 Os membros da audiência estarão presentes porque precisam estar lá ou porque querem?

7 Há alguma motivação oculta para a apresentação ou tensões latentes a respeito das quais você deveria estar ciente?

8 Quem são os tomadores de decisão entre os membros da audiência? Quais suas opiniões?

Descubra antecipadamente o máximo possível sobre a audiência.

que estavam mais interessados em ouvir sobre as tendências do setor. Posteriormente, eles comentaram que a empresa não havia compreendido a iniciativa. O que Adam deveria ter feito era simplesmente informá-los das tendências que a empresa havia detectado, o que teria trazido credibilidade e até a posicionado como líder de mercado.

1.4

Avalie como as pessoas aprendem mais

As pessoas aprendem de diferentes formas. Se você quiser se comunicar com eficiência, deve variar a forma como apresenta as informações. Como apresentador, você deve se colocar no lugar das pessoas do seu público. Para ter certeza de que terá sucesso em transmitir a mensagem, precisa lembrar-se de que as pessoas aprendem de diferentes maneiras.

Há três tipos principais de estilos de aprendizado:

1 Público de aprendizagem visual. É o tipo de pessoa que gosta de ver a informação em fotos, diagramas, gráficos, tabelas e por escrito.

2 Público de aprendizagem auditiva. É o tipo de pessoa que gosta de ouvir a informação e depois discuti-la com outros, prestando atenção ao que eles têm a dizer para ajudar no próprio aprendizado.

Estudo de caso: Peter comandava um curso sobre comunicações em que sua esposa estava presente. Durante o intervalo para o café, ela comentou com ele que alguns espectadores estavam perdendo o interesse e a motivação. "Tente envolvê-los mais", ela sugeriu. Peter seguiu o

3 Público de aprendizagem cinestésica. São as pessoas que gostam de ser ativas e aprender na prática.

Em sua preparação como apresentador, você precisa saber que as pessoas aprendem de diferentes formas. Bons apresentadores se valerão de uma abordagem multissensorial, incluindo estilos diferentes de aprendizagem para que cada membro da audiência tenha condições de absorver o conteúdo que está sendo apresentado de modo eficiente. Isso significa que você deve fornecer recursos visuais que ilustrem e organizem em tópicos sua apresentação, para sustentar seus argumentos. Outro aspecto importante é dar oportunidades para discussão e abrir espaço, por meio de histórias ou encenações, para que a audiência se expresse.

Em sua preparação, explore diferentes maneiras de tornar a apresentação mais eficiente.

conselho e adaptou seu método durante a parte seguinte da apresentação para uma encenação: dividiu o público em três grupos pequenos, cada um assumindo diferentes papéis. O resultado foi uma audiência mais motivada e uma aprendizagem mais eficiente.

1.5

Pense de forma criativa

Uma vez que você tenha clareza quanto aos objetivos da apresentação, está pronto para avançar ao próximo estágio, que é pensar de forma criativa. O tempo usado para pensar não será desperdício: significa que sua apresentação final está claramente estruturada e será fácil de acompanhar.

A melhor maneira de pensar de forma criativa é escrever suas ideias dentro de um diagrama, o que costuma ser chamado de diagrama de ideias. Trata-se de desenhar um diagrama criativo que capture os principais aspectos de suas ideias centrais na forma como você os vê. Para isso:

- Pegue uma folha em branco de papel de tamanho A4, deixando-a em posição horizontal.
- Escreva a ideia ou o tema central (uma palavra ou poucas palavras, não uma frase inteira) da apresentação no meio do papel.
- Escreva ao redor dessa palavra central outras palavras-chave relacionadas.
- Continue ampliando e acrescentando outros pontos que venham a sua mente.

Minuto de reflexão: Acrônimos podem ser uma forma criativa de organizar ideias e mensagens. Veja, por exemplo, este acrônimo para "**PODER**": **P**ensar, **O**rganizar suas ideias, **D**esenhar o primeiro esboço, **E**ditar e **R**evisar a gramática.

"Qual a tarefa mais difícil do mundo? Pensar."
Ralph Waldo Emerson, filósofo

- Responda, se você ficar preso em algum ponto, às questões: quem, por quê, onde, o quê, quando e como. Isso estimulará seus pensamentos.
- Não descarte nenhuma ideia (Não use muito a borracha).
- Trace, na fase seguinte, linhas mostrando os elos entre sua ideia central e as palavras-chave e entre as próprias palavras-chave.
- Pinte as palavras-chave para mostrar quais estão relacionadas.
- Numere as diferentes palavras-chave em ordem de importância. Posteriormente, enquanto lida com cada aspecto do texto, pode riscar uma a uma.

À medida que você desenha o diagrama das próprias ideias, provavelmente verá surgir uma estrutura clara de mensagens-chave (se isso não ocorrer, deixe o papel de lado por um momento e volte mais tarde). Tenha como meta definir entre três e cinco mensagens-chave em sua apresentação. Se você tiver mais de cinco, sobrecarregará a audiência com muitas informações.

O tempo que se gasta para pensar criativamente não é desperdício.

1.6
Organize suas ideias

Reserve tempo para concentrar-se nas principais mensagens que pretende passar na apresentação. Comece organizando as ideias-chave em ordem lógica. Ter uma estrutura clara ajuda o público a acompanhar com mais facilidade o que você diz.

Há muitas formas de organizar as informações que você deseja apresentar. É preciso escolher a melhor abordagem baseando-se na audiência. Se você não tiver certeza sobre qual forma adotar, discuta a questão com um colega.

1 Parta de fatos para chegar a uma conclusão. Nessa abordagem, a audiência, ao ouvir sua apresentação dos fatos, é levada a uma conclusão. Caso você opte por seguir essa forma, as pessoas talvez tenham que raciocinar mais para acompanhar sua lógica.

2 Comece com a conclusão e, então, mostre como essa conclusão é sustentada por determinados fatos e argumentos. Normalmente, trata-se de uma forma mais fácil de ser acompanhada pelo público do que a primeira.

3 Busque persuadir as pessoas a adotar um ponto de vista mostrando-lhes os diferentes lados de uma questão. Comece declarando sua opinião, mostre os argumentos a favor e contra essa opinião e, por fim, trace as conclusões com base no que você disse.

*"*Todos recebem tantas informações ao longo do dia que perdem o senso comum.*"* **Gertrude Stein, escritora**

4 Dê uma lista de opções. Comece mostrando uma situação em particular e, então, apresente as várias soluções possíveis, com as vantagens e desvantagens. Por fim, trace os próximos passos.

5 Explique um processo. Comece mostrando quantos passos estão envolvidos nele. Diga como cada estágio funciona e mostre quais são seus resultados. Resuma frequentemente os pontos já apresentados. Muitas vezes, um diagrama ajuda a esclarecer os diferentes estágios.

6 Inclua sinalizações claras ao longo de sua apresentação. Por exemplo: "Para começar; descreverei dois tipos de problemas; por um lado..., por outro...".

Reserve tempo para concentrar--se nas principais mensagens que pretende transmitir.

1.7

Pesquise cuidadosamente

Sustente sua apresentação com evidências de suporte que reforcem as mensagens-chave. Use uma série de fontes para investigar o assunto a ser abordado. Você pode nem precisar usar todas as informações que recolher, mas a pesquisa o levará a refletir sobre diferentes questões.

Vejamos a seguir algumas das possíveis fontes de informações:

- **Dados e estatísticas.**
- **Internet.**
- **Bibliotecas.** Em nossa era digital, é fácil ignorar os valiosos recursos impressos que as bibliotecas acumularam ao longo dos anos. Os próprios bibliotecários possuem uma imensa riqueza de conhecimentos ao alcance das mãos e poderão lhe indicar a direção certa. As seções de obras de referência das bibliotecas, obviamente, também são uma

> **Estudo de caso:** Certa vez, deram-me apenas três horas de antecedência para preparar uma apresentação de 45 minutos, e eu ainda tinha que tomar o café da manhã e me deslocar até o local! Por sorte, o assunto era interessante. O que facilitou as coisas foi o fato de que mantenho guardadas observações

fonte de informações. As pessoas podem encontrar uma visão geral sobre determinado assunto até em livros para crianças.

Se você costuma fazer muitas apresentações, pode valer a pena ter um caderno de ideias, seja em papel ou em forma digital, com itens de interesse que possam ajudá-lo, por exemplo:

- Recortes de jornal.
- Recortes de revistas ou publicações acadêmicas.
- Ilustrações que sejam particularmente chamativas.
- Títulos de livros.
- Citações de figuras públicas ou de líderes na área.
- Anedotas inteligentes.
- Recortes de textos em geral que você tenha lido.
- Comentários interessantes retirados de blogs.

Durante a preparação, esteja inclinado a pensar fora do convencional. Explore percepções diferentes de questões delicadas. Faça a distinção entre fatos e opiniões. Questione argumentos de conhecimento geral. Vá além da aparência superficial.

Inclua evidências consistentes de suporte na apresentação para reforçar sua mensagem.

sobre assuntos similares, as quais encontrei rapidamente. Como base, usei a estrutura e as linhas gerais da apresentação de um colega, e acrescentei minhas próprias anedotas e abordagem. O sucesso alcançado foi graças à preparação mental e à capacidade de acessar informações cruciais com rapidez.

1.8
Conheça o local

Todos já vimos boas apresentações serem arruinadas porque se deu pouca atenção a detalhes práticos, como, por exemplo, quando o palestrante chega atrasado ou fala em demasia. Faça o melhor possível para assegurar que nada saia errado. Ao preparar sua apresentação, leve em conta os detalhes do local.

Você precisa pensar sobre os detalhes práticos das instalações do local em que fará sua apresentação.

■ **Como você chegará ao local no tempo previsto?** Se você não conhece o local em que falará, veja como fará para chegar lá. Verifique o endereço em um mapa ou em um sistema de navegação por satélite. Descubra se há estacionamento e em que esquema funciona. Se você for de trem, consulte os horários ferroviários e, caso necessário,

Estudo de caso: Em certa ocasião, Sarah comandou um seminário de dois dias em Chicago. Ela chegou ao hotel na noite anterior ao primeiro dia de apresentações. Pela manhã, chamou um táxi para levá-la até o local do evento. Não houve problemas com o táxi e tudo saiu bem no primeiro dia de curso. Sarah pensou que o mesmo ocorreria no segundo dia,

reserve um táxi para levá-lo da estação de trem ao local da apresentação. O tempo gasto antecipadamente nessas questões ajudará você a sentir-se mais no controle da situação e preparado para possíveis atrasos ou outras eventualidades.
- **Combine bem a recepção no local.** Quem receberá você e a que horas? Lembre-se de chegar com tempo suficiente antes do início da apresentação para se concentrar e verificar se sua aparência está adequada.
- **Verifique a iluminação da sala.** Se possível, faça sua apresentação em uma sala que tenha iluminação natural.
- **Verifique a ventilação da sala.** Se o ambiente estiver muito quente e abafado, a audiência fica letárgica. Por outro lado, você não quer que as pessoas sintam frio. Veja como são operados os aparelhos de ar-condicionado ou os sistemas de aquecimento.

Certifique-se de que sua apresentação não seja prejudicada pela falta de atenção dada a questões práticas em relação às características do local.

mas ela não havia levado em conta o tempo. Na manhã do segundo dia, choveu torrencialmente e todos os táxis estavam ocupados. Ela acabou chegando muito tarde ao local da apresentação – e alguns dos organizadores até se perguntavam se ela iria de fato chegar. A lição: agora ela sempre reserva os táxis na noite anterior à apresentação.

1.9

Verifique os lugares para sentar e os recursos disponíveis

Você deve pensar como o local da apresentação deve estar preparado. Em particular, a forma como os assentos estiverem dispostos pode ter influência importante em sua apresentação.

Que recursos precisará utilizar em sua apresentação? Você provavelmente levará o próprio computador portátil; haverá um projetor no local? Verifique se há tomadas próximas aos equipamentos ou se precisará de uma extensão. Reserve tempo para verificar se o computador se conecta apropriadamente ao projetor. Será necessário um cavalete flip-chart? De canetas ou de marcadores?

Minuto de reflexão: Qual a potência da sua voz? Se a sala for grande, há microfone e amplificação à disposição? Você precisa certificar-se de que sabe usar o equipamento e testá-lo, se possível.

- **Fileiras ou ferradura.** Pense sobre a disposição dos assentos. Se o público for grande (mais de 30 pessoas) e o ambiente for formal, com pouca interação, então, colocar os assentos em fileiras pode ser a melhor opção. Se a audiência for de 20 a 30 pessoas e houver espaço, então, a disposição de ferradura (semicírculo) funciona bem. Isso permite que os participantes trabalhem em pares ou conversem um pouco entre si. A desvantagem, no entanto, é que essa disposição não facilita o trabalho em equipe ou discussões em grupo.
- **Estilo cabaré.** Caso um dos objetivos seja desenvolver o trabalho em equipe, interações e discussões entre os participantes, sentar-se ao redor de uma mesa ("estilo cabaré") é algo que funciona bem. Distribua cinco ou seis pessoas em cada mesa e deixe espaço para cadernos, canetas, água, etc. A possível desvantagem é que alguns participantes terão que se virar se quiserem olhar para você.
- **Móveis para o apresentador.** Saiba se você falará estando em algum tipo de púlpito ou lugar mais elevado, sentado diante de uma mesa ou mesmo sem nenhum tipo de móvel.
- **Água para o apresentador.** Haverá água a sua disposição ou você terá que levar uma garrafa e um copo?

Seja qual for o formato que escolher, dê instruções claras antecipadamente para os organizadores e reserve-se tempo antes da apresentação para verificar se suas instruções foram seguidas.

É preciso planejar antecipadamente a disposição dos assentos, equipamentos e recursos necessários.

1.10
Planeje cada estágio

Ao planejar sua apresentação, pense quanto puder nos detalhes práticos de cada estágio do que pretende fazer. Algumas dessas questões práticas podem estar fora de seu controle, mas pelo menos terá pensado nelas. Se você fizer apresentações regularmente, vale a pena preparar um checklist.

1 Tenha o número de telefone de seu contato (o telefone provavelmente é mais importante do que o e-mail). Mantenha esse número à mão ou coloque-o na agenda do celular, para poder ligar rapidamente, caso esteja atrasado.

2 Saiba quanto tempo terá de apresentação: quando você vai começar e terminar; se haverá perguntas e, caso positivo, se serão feitas durante sua fala ou no fim. Caso sejam no fim, você mesmo organizará a sessão de perguntas e respostas ou alguma outra pessoa ficará encarregada disso?

> **Estudo de caso:** Max sempre tenta chegar cedo ao local de apresentação, bem antes do horário de início, especialmente quando vai a uma empresa pela primeira vez. Certa vez, ele chegou meia hora mais cedo e, de imediato, começou a perceber quem conversava com quem... e quem não conversava com ninguém. Alguém se ofereceu para lhe fazer

3 Saiba quem o apresentará ao público – ou você mesmo se apresentará?

4 Saiba se você mesmo terá que levar material impresso para distribuir aos participantes. Certifique-se de que terá cópias suficientes. Avalie qual o melhor momento para distribuí-los.

5 Leve canetas, papéis e blocos de notas para mudanças de última hora e, caso necessário, folhas e canetas suficientes para o público.

O tempo usado para planejar a ordem da apresentação ajudará você a permanecer com o controle da situação.

um café e alguns colegas se mostraram surpresos, dizendo que aquela pessoa nunca havia se oferecido para preparar um café. Posteriormente, na apresentação, o caso foi útil para Max, que decidiu encorajar os funcionários da empresa que normalmente não interagiam a começar a falar entre si e a trabalhar como equipe.

Capítulo 2

Trabalhe bem suas palavras

As palavras são a parte mais importante da apresentação. Então, você precisa se esforçar para ter um bom conteúdo verbal. Varie seu estilo e escolha as palavras de forma minuciosa, para que sua mensagem seja clara e simples. A seguir, veremos conselhos práticos para o planejamento do começo, do meio e do fim da apresentação e também para elaborar o título.

2.1

Mantenha sua mensagem simples

Comece a preparar sua apresentação certificando-se de que o material não seja muito complicado, mas acessível ao público. Há maior probabilidade de que a audiência absorva suas informações e desfrute da apresentação quando você a mantém simples.

- **Identifique suas mensagens-chave.** Pense qual é o ponto mais importante do que você tenta dizer e desmembre-o em algumas (três a cinco) mensagens-chave. Se incluir mais do que isso, poderá sobrecarregar a apresentação. Menos é mais.

- **Use frases curtas.** Quando escrevemos normalmente, nossas frases tendem a ser mais longas do que quando falamos.

- **Use a voz ativa.** Na frase "Caroline quebrou a janela", o verbo "quebrar" está na voz ativa. É desempenhado pela pessoa que é citada:

> **Estudo de caso:** As palestras de Emily sobre gramática da língua inglesa eram longas demais. Era como se ela estivesse tentando comunicar tudo o que sabia sobre o assunto. Gradualmente, Emily aprendeu que "menos" pode ser "mais". A audiência não estava atrás de algo do tipo "mostre-nos

Caroline. Em contraste, a sentença "A janela foi quebrada por Caroline" está na voz passiva. A janela sofreu uma ação. "Por Caroline" é opcional: na voz passiva você não precisa dizer quem realizou a ação. Nas orações em voz passiva, os verbos são mais longos e soam mais formais; na voz ativa, são menores e soam mais naturais. Também são mais fáceis de entender, em parte, porque uma pessoa é citada logo no começo do que está sendo enunciado. Use menos a voz passiva e mais a ativa.

- **Use palavras curtas.** Tente usar apenas palavras com poucas sílabas. Ouça as músicas escritas pelos Beatles como exemplo: a maioria de suas letras consiste de palavras com uma ou duas sílabas. Tente não usar palavras formais, mas as que usamos normalmente ao falar.

Concentre-se no principal ponto do que você tenta dizer.

tudo o que sabe", mas da avaliação pessoal de Emily sobre o assunto: o ponto de vista dela a respeito do tema. Quando Emily selecionou um material mais apropriado para a audiência e esforçou-se para expressar-se de forma mais simples, conquistou uma reação mais satisfeita e receptiva da audiência.

2.2

Refine a linguagem

Certifique-se de que sua apresentação tenha palavras claras e de fácil compreensão pela audiência. Trabalhar com atenção para refinar as palavras que você usa para expressar as mensagens mais importantes é algo que leva tempo considerável. Seguem algumas dicas para ajudar a ter uma linguagem clara.

■ **Evite jargões e clichês.** Por exemplo, tente não usar frases como "ir para a frente", ou "downsizing", ou "igualdade de condições de jogo". Pergunte-se ou discuta pessoalmente com um colega, não por e-mail, se ele entendeu o que você realmente quis dizer com suas palavras. Seja impiedoso consigo mesmo. É muito importante que expresse suas ideias de forma clara e simples.

■ **Seja específico.** Evite declarações gerais. Sua apresentação terá maior impacto se você discutir exemplos em particular. Se estiver falando de diversidade entre a população, citar um exemplo real de algum evento que celebre a diversidade será mais eficiente do que simplesmente dar uma lista especificando diferentes grupos.

■ **Seja preciso.** Use a linguagem com precisão. Um colega escreveu "interferir" quando queria dizer "intervir". "Interferir" tem tom crítico negativo, sugerindo uma ação não requisitada. "Intervir" tem tom mais positivo e pode sugerir uma ação ou decisão bem-vinda.

Minuto de reflexão: Por que usar uma palavra mais formal ou longa, quando uma menor é tão boa quanto? Pare por um momento para estudar estes exemplos e sempre escolha as palavras mais simples ao preparar suas apresentações.

adicional	extra
conhecedor de	a par de
principiar	começar, iniciar
empenhar-se	tentar
algo em excesso de	além, mais que
utilize	use

- **Use menos substantivos abstratos e mais verbos.** Por exemplo, mude "conduzir uma investigação" por "investigar"; mude "sofrer deterioração" por "deteriorar-se".

- **Comece do familiar para chegar ao não familiar.** Inicie frases com informações que sejam familiares à sua audiência. E, aos poucos, passe a apresentar dados novos. Fazer isso ao contrário – começar com o novo e depois com o que já é conhecido – dificulta a absorção da apresentação pelo público.

Seja impiedoso com a linguagem escolhida e certifique-se de que você se expressa de forma clara.

2.3

Varie o estilo

Use diferentes métodos para transmitir sua mensagem e manter a audiência interessada e receptiva ao que você quer comunicar. Vejamos algumas formas testadas e comprovadas por meio das quais é possível trazer variedade para sua apresentação.

- **Conte uma história.** Já estive sentado em apresentações em que as pessoas caíam de sono. Quando o palestrante diz "Deixem-me contar uma história", fileiras de cabeças se levantam repentinamente para ouvir o que, na verdade, é um filme traçado com palavras.
- **Mencione eventos contemporâneos.** Leia os jornais pela manhã para poder citar alguma matéria ou artigo atual.
- **Mostre tabelas, gráficos ou recursos visuais.** Consulte o item 3.2 para saber mais sobre o assunto.

Estudo de caso: Em discurso em 2008, sobre os Objetivos de Desenvolvimento do Milênio, o primeiro-ministro britânico, Gordon Brown, valeu-se de vários métodos para passar uma forte mensagem. Ele incluiu uma história sobre a vida e a morte de um menino para encorajar o mundo a adotar ações: "No museu de Ruanda, em memória às milhares de pessoas que morreram enquanto o mundo olhava para o outro lado, há a foto de um menino que foi torturado até a morte, com uma placa que diz – Nome: David; Idade: 10; Esporte favorito: futebol;

- **Recorra a mapas.** São úteis para mostrar locais em áreas ou países pouco conhecidos.
- **Use ilustrações.** Você pode comunicar algo complicado com uma imagem bem selecionada. Nas notícias na televisão, por exemplo, as matérias normalmente são acompanhadas de alguma foto atrás ou ao lado do apresentador. Quando faço uma apresentação, muitas vezes tento resumir a mensagem-chave com uma figura. Pode ser de personagens de desenhos animados, de pessoas, flores ou montanhas. As imagens podem ajudar sua audiência a visualizar o que você tenta expressar. Use suas próprias fotos digitais ou materiais da internet sem direitos autorais.

Pense em como expressar suas mensagens-chave de forma mais criativa.

Passatempo: fazer as pessoas rirem; Sonho: tornar-se médico; Últimas palavras: "A Organização das Nações Unidas (ONU) virá por nós" – Mas nunca fomos. Mesmo enquanto morria, aquela criança pensava o melhor sobre nós. Na prática, nossas promessas não significaram nada para ele. Hoje, em meio à fome, prometemos que nós, as Nações Unidas do mundo, iremos ajudar, mas os famintos estão morrendo enquanto esperamos. Em meio à pobreza, prometemos que iremos ajudar, mas os pobres estão morrendo enquanto esperamos."

2.4

Escolha as palavras com cuidado

Seguem mais elementos que você poderia incluir em um discurso para torná-lo mais marcante e criativo.

- **Citações.** Pense neste exemplo: "Como maçãs de ouro em salvas de prata, assim é a palavra dita a seu tempo". (Bíblia, Provérbios 25:11)
- **Alusões.** É quando se faz alguma referência casual a algo que a audiência deve conhecer e que a levará a fazer algum tipo de conexão com o assunto. Por exemplo, "pintar a Forth Bridge", a longa ponte escocesa, pode ser compreendido pelo público britânico como uma referência a tarefas aparentemente intermináveis. Ou se mencionar que alguém teve "seus 15 minutos de fama", estará aludindo ao comentário do artista de pop art Andy Warhol sobre a mídia. Naturalmente, você

Estudo de caso: Louis comandava uma apresentação sobre a força das palavras. Ele quebrou o gelo no início da conversa relembrando uma anedota do falecido especialista em culinária Clement Freud, que também foi parlamentar e locutor de rádio. Freud enviava cartões a seus eleitores em eventos significativos de suas vidas, como casamentos ou mortes de parentes. O que ele não esperava era a reação que isso pro-

deve ter confiança de que a audiência estará culturalmente receptiva a qualquer alusão que seja feita.

- **Definições de dicionário.** Dizer, por exemplo, que o dicionário define apresentação como "um relato verbal apresentado com material ilustrativo, como slides, gráficos, etc." faz com que você pareça mais confiável.

- **Perguntas.** Lançar perguntas faz as pessoas pensarem. Uma pergunta retórica é aquela que você faz como se fosse uma afirmação, sem expectativa de resposta: "Você acha que fazer perguntas funciona?"

- **Use trios de palavras.** Isso aumenta o impacto de sua mensagem, traz ritmo ao discurso e dá mais autoridade ao que você fala. Use aliterações em diferentes partes da conversa. Por exemplo, três palavras iniciadas com a letra "r".

As palavras são uma ferramenta poderosa: escolha-as com cuidado.

vocava. Os eleitores o abordavam nas ruas, esperando que ele os reconhecesse, o que, é claro, não acontecia. Durante algum tempo, ele não soube como reagir. Posteriormente, ele preparou uma resposta, que cobria todas as eventualidades: "Era o mínimo que eu podia fazer". A anedota agradou ao público de Louis, que conseguiu estabelecer uma melhor afinidade com os presentes.

2.5

Faça anotações claras

Apenas os palestrantes mais experientes não precisam usar anotações. A maioria precisa de algo, especialmente porque é um problema comum sentir-se nervoso e esquecer-se do que se queria dizer. Ter alguma forma de texto à sua frente é tranquilizador. A principal escolha a fazer é se devemos escrever todo o discurso ou recorrer apenas a algumas anotações.

Observações para quando se escreve o texto integral:

■ Permite pensar melhor sobre a ênfase mais adequada a usar na apresentação.

■ Pode servir como base ou proteção para o caso de você esquecer as palavras que vai dizer ou a direção que quer seguir.

■ Pode ser mais útil se você aumentar o tamanho da letra após digitar o roteiro e se destacar as principais frases e pontos que quer transmitir.

■ Haverá muitas folhas para ir virando ao longo da apresentação, então, a ideia funciona se houver um suporte para poder apoiá-las. Caso contrário, ficar segurando as folhas pode acabar distraindo você.

"O que se lê sem esforço algum, foi escrito com muito esforço."

Enrique Jardiel Poncela, escritor espanhol

Observações para quando se escrevem apenas algumas anotações:

■ Muitos palestrantes escrevem apenas algumas anotações, em vez do texto integral. Os mais experientes, muitas vezes, dizem que começam escrevendo o texto integral das apresentações, mas que, com o tempo e o aumento da confiança, passam a escrever apenas anotações.

■ Se você optar por usar apenas anotações, pode escrevê-las em cartões de 10 cm por 15 cm, com tópicos e subtópicos que funcionem como estimuladores de memória.

■ Falar com base em anotações permite manter contato visual com as pessoas, para que possa avaliar a reação delas. Se você perceber que a audiência não está acompanhando o que diz, terá a flexibilidade de repetir a mensagem com outras palavras ou por meio de uma abordagem diferente.

Escreva sua apresentação inteira ou, no mínimo, faça algumas anotações.

2.6
Escolha títulos atraentes

Um bom título atrai o público; desperta o interesse. E deve refletir o conteúdo da apresentação, ficar na memória e não ser muito longo ou vago.

Às vezes, o título precisa ser elaborado antes de a apresentação ter sido escrita, para que o evento possa ser divulgado. O título (caso um já não tenha sido definido antes pelos organizadores) pode surgir enquanto você organiza, pesquisa e tenta desenvolver com criatividade seu material. O título ideal é aquele que é incisivo e que não sai da memória. Vejamos algumas dicas:

1 Qual o grau de conhecimento do público-alvo? Se for básico: "Introdução à..." ou "O essencial da..." ou "Panorama da...". Se for intermediário: "O melhor da..." ou "Desenvolva suas habilidades de...". Se for avançado: "... avançado" ou "... profissional".

2 Provoque a curiosidade: "Segredos da...". O que o atrai em uma série de livros intitulada "Segredos Profissionais"?

3 Você pretende concentrar-se no assunto da apresentação ou no resultado final? "Como ser bem-sucedido em..."

4 O que você quer que o público absorva de sua apresentação? "... eficiente" ou "Ganhe mais eficiência em..."

5 De quanto tempo as pessoas da audiência precisam para ver os resultados de seus conselhos?: "... em cinco dias" ou "... em um dia" ou "... em uma hora".

6 Qual o público-alvo de sua apresentação? "... para gerentes" ou "... para estudantes".

7 Que resultados seu público deseja alcançar? "... com confiança".

8 Concentre-se em uma parte essencial da apresentação. Por exemplo, uma palestra sobre os desafios que as pessoas idosas enfrentam ao usar novas tecnologias poderia ter o título: "Computadores: amigos ou inimigos?".

É melhor ser bem direto no título, tomando cuidado para não fugir o tema. Aliterações ("Sustente seu site"); expressões idiomáticas ("Bote no papel..."); ou, ainda, perguntas, trocadilhos, citações e alusões ("Planos de saúde: um comprimido mais fácil de engolir?" ou "Segurança: quem vigia os vigias?") podem funcionar bem.

O título deve ser incisivo e ficar na memória.

2.7

Prepare o ponto de partida

As primeiras impressões são vitais. Todos sabem que os seres humanos chegam a conclusões uns sobre os outros com muita rapidez. Encare isso como uma oportunidade, não como uma desvantagem. Aproveite a chance e diga à audiência do que se trata sua apresentação. Afinal, os primeiros minutos são os únicos em que você pode ter certeza de que todos estão com atenção total.

A introdução precisa abordar cinco tópicos. Convenientemente, suas iniciais formam a sigla **INTRO**.

■ **I – Interesse.** Desperte o interesse a respeito de si mesmo e do assunto sobre o qual vai falar. Comente sobre sua formação, experiência e credenciais. Por que o assunto da apresentação é relevante? Por que é particularmente relevante atualmente? E por que você é qualificado para falar sobre o assunto? Pegar uma notícia recente ou um vídeo do YouTube como exemplo pode ser uma ótima forma de abertura.

■ **N – Necessidade.** Explique por que a audiência precisa assistir à sua apresentação. Que benefícios trará para a vida deles? Vai torná-los mais ricos? Um exemplo claro e conciso de uma organização ou pessoa que você tenha ajudado anteriormente pode ser útil na introdução.

■ **T – Tempo.** Deixe claro para o público durante quanto tempo vai falar. Isso ajuda a preparar as pessoas psicologicamente, ainda mais

> **Minuto de reflexão:** Normalmente, é difícil encontrar alguém preparado para ouvir toda sua apresentação antecipadamente. A maioria das pessoas, no entanto, mostrará disposição em ouvir sua introdução. Encontre um colega que faça parte do mesmo tipo de público ao qual você se dirigirá, observe a reação dele e trabalhe a partir desse retorno.

se estiverem preocupadas em perder a hora de almoço ou do voo. Esforce-se para cumprir o tempo prometido.
- **R – Resposta.** Diga aos espectadores como e quando podem participar. Eles devem interromper enquanto você fala? Haverá espaço no fim da apresentação para perguntas?
- **O – Objetivo.** Esclareça à audiência os objetivos e o alcance da apresentação. Não tenha medo de parecer repetitivo.

Esses passos são úteis para guiar a audiência no que vem pela frente. Também auxiliam o palestrante, porque o ajudarão a organizar as ideias. Ao concluir esses passos, você perceberá que atingiu a essência de sua apresentação.

A introdução é a oportunidade que você tem para deixar a audiência tomar conhecimento do que deve esperar.

2.8

Prepare a parte intermediária

A parte intermediária da apresentação é como o recheio de um sanduíche. É a parte central do que você falará. Infelizmente, também é o ponto em que a audiência começa a perder a atenção.

O público em geral estará mais concentrado no início da apresentação e provavelmente vai se recompor para escutar melhor somente quando ouvir "Por fim..." (ver item 2.9). Você deve fazer o que puder para manter a atenção da audiência na parte central da palestra.

1 Varie o estilo de apresentação (consultar item 2.3). Faça perguntas desafiadoras. Expresse sua mensagem por meio de uma história. Cite algum evento atual. Esforce-se para encontrar formas variadas de se comunicar com a audiência.

2 Espalhe os pontos-chave do assunto ao longo da apresentação. Não divulgue tudo logo de início, em um único item. Mesmo que você tenha uma mensagem mais importante a comunicar – a que você escolheria se fosse a única que a audiência pudesse absorver –, também precisa ter outros pontos-chave para sustentar seu argumento.

3 Certifique-se de que a apresentação esteja organizada de forma lógica, ou seja, que as etapas estejam ordenadas de modo consecutivo. Se a lógica não for clara para você, não será para o público. Subdivida os principais pontos em subitens.

5 Varie as maneiras de apresentação das informações. Se for adequado ao assunto, envolva a plateia em dinâmicas. Peça que seus ouvintes se separem em pequenas equipes para discutir a questão. Se fizer isso, seja claro quanto ao assunto sobre o qual eles devem tratar, quanto ao tempo que terão para conversar e quanto à necessidade de dar um feedback para todo o grupo.

4 Tome o cuidado de que suas evidências, como fatos e dados, sustentem seu argumento com clareza e sejam consistentes com suas conclusões. Caso contrário, os ouvintes mais atentos vão apontar o problema: "Antes você disse que as vendas subiriam 5%, mas depois indicou que poderiam subir 15%. Qual a porcentagem certa?".

6 Faça intervalos inesperados. Se as pessoas da audiência não se conhecerem, diga: "Vamos fazer um intervalo de dois minutos. Por que vocês não se levantam e esticam as pernas? Por que não aproveitam para conversar um pouco e conhecer as pessoas? (Lembrem-se do fato de que dois minutos podem muito bem virar cinco).

Faça tudo o que puder para manter a atenção da audiência na parte central da apresentação.

2.9

Encerre com algum ponto alto

A parte final da apresentação é muito importante. O encerramento pode muito bem ser o ponto que continuará ecoando na mente do público por muito tempo depois. Você, portanto, precisa se esforçar para transmitir a mensagem certa.

Ao preparar sua apresentação, você pode muito bem começar a perder parte do interesse e da motivação quando se aproximar da etapa de encerramento. A tentação é desistir, não fazer nada e simplesmente "ver o que acontece". Fazer isso, no entanto, é não dar a atenção adequada que a conclusão do trabalho requer nem dar crédito a tudo o que veio fazendo até então.

Minuto de reflexão: Pense na reação que gostaria de causar nas pessoas da audiência. Quais os próximos passos que você gostaria de que eles seguissem após a apresentação? Seja prático.

1 Comece sinalizando que você está chegando ao fim da apresentação. Diga, por exemplo: "Enfim, vamos agrupar essas ideias."

2 O encerramento deve reunir todas as mensagens-chave da apresentação até aquele momento. Reafirme-as. Não inclua nenhum conteúdo significativamente novo ao concluir.

3 Enfatize o ponto principal que você tentou comunicar durante a apresentação.

4 Afirme claramente que reação você gostaria de ver na audiência... quais os próximos passos que queria que dessem. Diga: "O que eu realmente gostaria de que vocês levassem daqui hoje é...". Seja prático. Diga, por exemplo: "Como próximo passo, vocês poderiam colocar em prática o que aprenderam".

5 Encerre com alguma sinalização. Diga, por exemplo "Obrigado pela atenção. Agora, tenho grande satisfação em responder às suas perguntas".

Pense em um encerramento que faça jus a todo o trabalho que você teve para preparar e fazer a apresentação.

Capítulo 3

Como trabalhar com o material de suporte e com os colaboradores

A maioria dos apresentadores evita ficar sozinho em frente a uma audiência falando sem nenhum material de suporte. Recursos visuais e de áudio ajudam a sustentar sua apresentação e a aumentar seu impacto. Este capítulo explora uma variedade de ferramentas, desde os recursos tradicionais, como materiais impressos e cavaletes flip-chart, até as apresentações de slides. Além disso, o capítulo também mostra formas de preparar videoconferências e apresentações em equipe.

3.1

Use o material impresso com eficiência

Distribuir observações em materiais impressos para o público é um recurso muito usado em apresentações. Pessoalmente, prefiro distribuí-los no início, para que as pessoas possam ver as mensagens gerais que tentarei comunicar. Vejamos algumas dicas sobre como usar esse recurso de forma mais eficiente.

1 O texto não deve preencher toda a folha. Deixe espaço para as pessoas escreverem suas próprias observações.

2 Use um tamanho de letra maior que em uma carta normal, para que a audiência possa ler com facilidade e ouvi-lo ao mesmo tempo.

3 É melhor cortar partes do texto do que tentar amontoar muitas informações no papel (se você não souber o que cortar, faça uma

Estudo de caso: Em uma de suas primeiras apresentações, Joe cometeu o erro de entregar um folheto contendo praticamente todo o texto que ele falaria. Foram várias páginas e sua apresentação consistia basicamente em ler o material em voz alta, adicionando ocasional-

pausa e volte depois ao texto. Dessa forma, geralmente fica mais fácil ver o que pode ser removido).

4 Decida quando distribuir o material. Fornecê-lo antecipadamente tem a vantagem de permitir que a audiência acompanhe o que diz e acrescente observações. A desvantagem é que as pessoas podem acabar somente lendo as observações, em vez de ouvi-lo. Se você decidir distribuir posteriormente, diga logo de início que o material impresso será entregue ao fim da apresentação.

5 Lembre-se de que distribuir folhas vai tomar parte do seu tempo; veja se não vale mais a pena deixá-las previamente sobre os assentos ou sobre as mesas.

6 Além das anotações pessoais de auxílio, fique com uma cópia do que foi distribuído à audiência, para poder referir-se ao texto que o público tem em mãos.

7 Aproveite a tecnologia: por exemplo, imprima os slides do programa de computador ou envie material posteriormente por e-mail.

Use materiais impressos para reforçar as mensagens principais.

mente alguns comentários. Após a palestra, um amigo preocupado em ajudar o avisou: "Por que tivemos que vir até aqui e ouvir quando poderíamos ter lido tudo no folheto?". Agora, ele apenas resume a apresentação nos materiais impressos.

3.2

Faça tabelas e gráficos trabalharem a seu favor

Se você precisar comunicar algo relacionado a números, provavelmente será melhor mostrar algum tipo de tabela ou diagrama. Os gráficos podem ser ferramentas eficientes em apresentações.

Os seguintes tipos de gráficos costumam ser os mais utilizados:

■ **Gráfico de barras.** Possui barras de mesma espessura, mas com alturas diferentes, de acordo com os valores que representam. São úteis para comparar quantidades ao longo de períodos de tempo.
■ **Gráfico de setores circulares ou de torta.** Mostra um círculo dividido em fatias de diferentes tamanhos. Facilita a comparação de dados em relação a um todo, mas pode ser difícil compreendê-lo com rapidez. Não coloque mais de cinco fatias.
■ **Diagrama de Gantt.** Tipo de gráfico de barras que ilustra a duração de certas tarefas ao longo do tempo. É especialmente útil para planejamento e programação.
■ **Fluxograma.** Mostra a relação entre dois tipos de informação (ao longo dos eixos vertical e horizontal) e como um varia de acordo com o outro. É muito usado para ilustrar séries de passos ou estágios de um processo, ou mudanças, ou tendências ao longo do tempo.

Seja qual for o tipo de tabela, gráfico ou diagrama que você escolher, tenha em mente os seguintes pontos:

1 Não inclua informação em excesso; mostre apenas os dados principais. Mantenha sua apresentação clara, simples e organizada.

2 Use cores para tornar gráficos, tabelas e diagramas mais atraentes e fáceis de memorizar. Use títulos objetivos, com subtítulos ou etiquetas concisos. Verifique se os números estão em tamanho grande o suficiente para serem lidos pelo público.

3 Lembre-se de que, visualmente, as pessoas absorvem melhor números apresentados em colunas do que em linhas. Por exemplo, se estiver comparando dados, coloque os números em colunas adjacentes, não em fileiras.

4 Em nome da clareza, arredonde números para cima ou para baixo. Por exemplo, em vez de 9,1637 e 8,43, use 9,2 e 8,4.

5 Por fim, verifique seus números duas vezes. Se alguém perceber que a soma das porcentagens dá 95% ou 105%, em vez de 100%, você não apenas ficará constrangido, mas também se verá obrigado a recalcular toda a soma no momento e explicar como cometeu esse erro.

Mostre os números da forma mais simples possível e certifique-se de que os cálculos estejam corretos.

3.3

Cavaletes flip-chart dão liberdade

Os cavaletes flip-chart podem não ser a mais moderna das tecnologias, mas são uma ferramenta versátil e flexível. Funcionam melhor em encontros informais, com até 50 participantes. Você pode escrever e desenhar nas páginas tanto antes como durante a apresentação, sem precisar mostrar conteúdos ou fazer a apresentação em uma ordem determinada, o que lhe dará liberdade de responder à audiência à medida que vai falando.

O método também permite ao apresentador registrar ideias e sugestões criativas e, dessa forma, interagir ainda mais com a audiência do que se estivesse utilizando uma apresentação de slides. Também é útil para ensinar, destacar e explicar as dificuldades que possam surgir. Como apresentador, você pode revelar as informações de forma gradual, em vez de transmiti-las de uma só vez. Se pretende adotar as folhas como ferramenta, leve em conta as seguintes dicas:

Estudo de caso: Quando Juanita ministra seus cursos de técnicas de redação de relatórios, frequentemente começa fazendo aos participantes esta simples pergunta: "O que faz um relatório ser bom?". Ela, então, escreve em um cavalete flip-chart as ideias e os comentários que eles

1 Escreva de forma clara e sem rasuras. Você também pode rascunhar previamente nas folhas, a lápis, as palavras que poderia vir a ter alguma dificuldade. O público não perceberá as marcações a lápis.

2 Fale apenas quando não estiver escrevendo nas folhas. Se você falar enquanto estiver escrevendo, estará de costas para o público e não terá contato visual com as pessoas, além de ficar com a voz menos audível.

3 Certifique-se de ter folhas em branco suficientes para poder completar a apresentação.

4 Leve as próprias canetas (que você tem certeza de que funcionarão). Use as de cores preta ou azul, para que o texto se destaque. Ocasionalmente, use outras cores, como vermelho ou verde.

Usar o cavalete flip-chart dá flexibilidade na organização de sua apresentação.

sugerem. Ao concluir essa parte, ela arranca a folha do cavalete e a cola na parede, como lembrete dos pontos citados. Juanita vê o flip-chart como uma maneira flexível de recordar as opiniões dos participantes e, assim, aumentar o envolvimento delas.

3.4

Domine a tecnologia

Usar um computador portátil e projetor ou outros sistemas de vídeo e áudio traz dinamismo à apresentação instantaneamente. Como qualquer situação ligada à tecnologia, no entanto, há a possibilidade de falhas e danos no equipamento. Certifique-se de que os recursos tecnológicos de fato auxiliem a agregar conteúdo à apresentação e não estejam lá apenas para serem exibidos.

■ **Uso dos slides.** O recurso é usado por milhões de pessoas em todo o mundo para apresentar slides de texto e imagens em apresentações. Tem a vantagem de permitir mudanças de última hora na apresentação e de poder acrescentar telas, imagens e vídeos com facilidade. No entanto, usar essa ferramenta atualmente pode acabar virando um clichê, especialmente se você cair em certas armadilhas ao usá-lo. Ver o item 3.5 para evitar os Sete Pecados Capitais dessa ferramenta.

■ **Uso de vídeos.** Leve em consideração seu objetivo ao usar vídeos. Um breve clipe de dois minutos do YouTube provavelmente será mais eficiente do que um vídeo divagante de doze minutos, que pode fazer a audiência se desligar da apresentação. Se você realmente precisar exibir um vídeo, teste-o antes no mesmo projetor ou aparelho que será usado na apresentação. Alguns computadores portáteis reproduzem vídeos apenas no próprio monitor, mesmo quando os slides que estão no aparelho não apresentam problemas no projetor.

"Qualquer tecnologia suficientemente avançada é indistinguível da mágica."

Arthur C. Clarke, escritor de ficção científica

■ **Uso de áudio.** Antes de começar, verifique se o volume está bom. Os alto-falantes de computadores portáteis não são confiáveis, e você não deve aborrecer a audiência enquanto perde tempo com os controles de som. Se o volume estiver muito baixo, o público perderá as palavras ou os sons da introdução. Se estiver muito alto, as pessoas ficarão atônitas e levará algum tempo para reconquistar sua atenção.

■ **Uso de material da internet.** As bibliotecas de clip art (galerias de desenhos que podem ser usados para ilustrar os mais variados assuntos) estão entre as páginas mais visitadas da internet. Se você não encontrar o que procura nesses sites, pode tentar fazer uma pesquisa de imagens em ferramentas comuns de busca. Verifique, contudo, qual o tipo de direito autoral da imagem antes de usá-la, porque algumas fontes não permitem a reprodução, a menos que sejam creditadas ou se pague uma taxa.

■ **Uso de fontes.** Se você usar na apresentação um computador diferente do que usou para criar o texto original, lembre-se de que as fontes poderão mudar. O ideal é carregar antecipadamente o mesmo tipo de fonte no editor de texto do outro aparelho, lembrando-se de verificar se a fonte é licenciada e se pode copiá-la.

Use recursos tecnológicos com cautela.

3.5

Não deixe os slides estragarem sua apresentação

Nos anos 1990, a última moda era fazer apresentações com slides. Agora, para usá-los, é preciso ter bons motivos – os cavaletes flip-chart voltaram com tudo. Se os slides não acrescentarem nada a sua apresentação, não os utilize.

Caso decida usar slides, não se esqueça dos Sete Pecados Capitais dessa ferramenta de apresentação:

1 Não permita que as páginas fiquem acidentalmente ilegíveis. Atenha-se aos tamanhos de letra grandes (no máximo seis linhas por página) e diferencie claramente as cores (vermelho sobre cinza, amarelo sobre azul, preto sobre branco).

2 Não escreva simplesmente o que fala. As pessoas vão preferir ler em vez de prestar atenção em você. Use os slides para ilustrar seus argumentos, mas não permita que sejam todo seu argumento.

3 Não insira muito texto na página. Mantenha a simplicidade nos tópicos. Evite, se possível, subitens.

> **Minuto de reflexão:** Pense sobre como foi a última apresentação com slides que você viu (ou fez). Foi cometido algum dos Sete Pecados Capitais dessa ferramenta de apresentação? O que pode ser feito de forma diferente da próxima vez?

4 Não use efeitos que provoquem distração, como as animações enfeitadas que viram as páginas. O objetivo da apresentação não é mostrar suas habilidades no programa e, além disso, o público provavelmente já viu todos esses efeitos em ocasião anterior.

5 Não deixe tudo para a última hora. Verifique se terá tempo para chegar mais cedo e assegurar-se de que a apresentação funcione nas configurações existentes e, tão importante quanto, se você sabe usá-las.

6 Não fale com a tela. Não se esqueça de manter contato visual com as pessoas na audiência, em vez de ficar olhando para a tela ou para o controle remoto.

7 Não fique completamente dependente dos slides. Tenha um plano "B" para o caso de o programa falhar.

Tome o cuidado de não cair nas armadilhas mais comuns do uso dessa ferramenta.

3.6

Experimente as videoconferências

Organizar uma videoconferência permite reunir, em um espaço "virtual", participantes que estão em dois ou mais locais, de forma que possam se ver e conversar. Utilizar esse recurso pode, portanto, economizar tempo e custos de viagem, embora crie desafios adicionais para o planejamento e para a realização da apresentação.

Ao organizar uma apresentação com sinal de vídeo ao vivo, use esta lista de controle:

■ Confirme o horário do encontro, especialmente se os participantes estiverem em locais com diferentes fusos horários.
■ Marque o encontro em uma sala que esteja em boas condições de conservação e tenha boa acústica.

> **Minuto de reflexão:** Se você vai participar de uma videoconferência por meio de uma câmera de computador em sua própria casa, verifique se tem largura de banda suficiente para transmitir vídeo ao vivo e se abriu as portas corretas em seu firewall. A roupa a ser usada deve ser a mesma exigida para um encontro de negócios, mesmo se não houver ninguém na sala com você. Não permita crianças ou animais de estimação ao seu redor.

■ Tire do local qualquer objeto que possa provocar distração ou obstruir a visão dos participantes. Verifique se todos os telefones celulares estão desligados.

■ Verifique se todos os equipamentos – câmeras, projetores, monitores, microfones, alto-falantes e conexões de internet – estão funcionando adequadamente. Não deixe seu computador portátil próximo ao microfone, já que o ruído da ventoinha de refrigeração pode interferir no áudio e prejudicar a reunião.

■ Prepare uma agenda para o encontro, destacando o que cada um deve fazer, e envie-a com antecedência a todos os participantes. Deixe claro quem vai presidir a reunião, apresentar os participantes, etc. Determine antecipadamente como os gráficos ou as tabelas serão enviados ou compartilhados.

■ Coloque cartões em frente dos palestrantes, identificando-os com clareza. Isso será de ajuda tanto para você como para os demais envolvidos.

■ Deixe intérpretes à disposição, caso a videoconferência envolva pessoas cuja primeira língua seja diferente da sua. Sotaques muito acentuados podem dificultar a comunicação oral.

■ Minimize a chance de possíveis interrupções. Pense no que poderia acontecer (por exemplo, testes de procedimentos contra incêndios) e tente minimizar os contratempos.

■ Lembre os participantes de que devem olhar para a câmera ao falar. Às vezes, as pessoas ficam tão nervosas que se esquecem disso.

■ Lembre-se de que pode haver um pequeno tempo de demora no áudio ou na imagem da transmissão, o que pode levar as pessoas a tentar falar ao mesmo tempo. Quando fizer sua apresentação, peça a todos que fiquem com seus microfones no "mudo".

A videoconferência economiza tempo e despesas de viagem, mas precisa de planejamento cuidadoso.

3.7
Trabalhe em equipe

Há muitas vantagens em trabalhar em equipe e fazer apresentações conjuntas, mas apenas se todos souberem se relacionar bem em grupo, sem egoísmos, e sabendo o que se espera de cada um.

Se você faz parte de uma equipe, reserve tempo para discutir antecipadamente como trabalharão juntos. Vocês terão que decidir:

- **Quem falará sobre cada diferente aspecto de um assunto?** Em apresentações mais significativas, indique colegas para cumprir papéis em particular, por exemplo, gerentes (alguém com boas habilidades interpessoais), administradores e especialistas técnicos.
- **Em que ordem seus colegas devem falar?** Neste ponto, pense não apenas na ordem do conteúdo em si, mas também na necessidade de variedade na apresentação. Por exemplo, na sequência de alguém que falará sem auxílio de recursos visuais, coloque uma pessoa que planeje usar tabelas ou diagramas. Ou faça com que algum apresentador mais sério seja seguido por alguém que tenha um tom mais descontraído.

Estudo de caso: Foi solicitado a Hassan que liderasse uma apresentação de três horas sobre as vantagens de um novo equipamento de tecnologia da informação. Ele logo percebeu que precisaria da colaboração de pessoas com conhecimentos técnicos para instalar e preparar os equipamentos em questão na sala de treinamento, para demonstrar partes dos programas e para responder às perguntas dos

"Não existe 'eu' em trabalhos em equipe." Anônimo

- **Quem ficará responsável pela introdução e pelo encerramento da apresentação em grupo?** E como será feita a passagem da apresentação de um colega para a de outro?
- **Quem responderá às perguntas da audiência?**
- **Quando será feito um ensaio?** Algum tipo de ensaio é fundamental para revelar quaisquer lacunas, repetições ou dificuldades na passagem entre um apresentador e outro.

Durante a apresentação de verdade, é importante que os membros da equipe que não estejam falando observem com interesse e entusiasmo enquanto os demais estiverem discursando. Também é fundamental que os colegas respeitem o que foi decidido antecipadamente e não invadam o espaço um do outro.

Tome o cuidado de planejar e ensaiar toda a apresentação com sua equipe.

participantes. Ele escolheu cuidadosamente a equipe, e eles desenvolveram individualmente as partes da apresentação. Depois, ensaiaram juntos duas vezes, na própria sala de treinamento. Uma vez que sabia o que cada um apresentaria, Hassan só precisou planejar como iria apresentá-los e como presidiria uma sessão de perguntas e respostas no fim do evento.

Capítulo 4

Prepare sua mente

Você, então, está preparado... ou pelo menos pensa que está. Você escreveu o texto, trabalhou em algumas boas ideias para usar nos recursos visuais e sabe o que vai dizer. Ainda assim, não se sente seguro. Este capítulo o ajudará a diminuir a tensão e a recuperar sua energia e seu entusiasmo.

4.1

Use palavras de ânimo consigo mesmo

Seja natural e confie em sua personalidade. Você tem uma formação única, graças a todas as experiências que o levaram ao lugar em que está agora. Sem dúvida, algumas foram boas: aproveite-as. Outras, porém, devem ter sido ruins: tente aprender lições com base nessas experiências.

Um dos elementos da apresentação é o seu próprio desempenho, a forma como atua. Você está tentando impressionar sua audiência e o segredo é aprender a ser confiante. Isso só será possível se souber o que vai dizer e como vai expressá-lo.

Se você se esforçar o suficiente na preparação, acabará desenvolvendo entusiasmo, paixão e energia natural para a apresentação. Se não tiver interesse pelo assunto, não há como esperar que sua audiência tenha. Se conseguir resolver as possíveis dificuldades ou problemas encontrados durante a fase da preparação, descobrirá que a sinceridade e a emoção surgirão naturalmente enquanto fala.

Estudo de caso: Há poucos anos, a filha de John casou-se. O discurso dele para a cerimônia foi gravado em vídeo. Ele ainda se lembra do choque que sentiu ao se ver na gravação – surpreendeu-o a forma como ficou de pé e falou. De início,

Não tente ser outra pessoa enquanto faz a apresentação. Não há problema em inspirar-se ou ser auxiliado por outros colegas, mas não imite ações e gestos. O público perceberá logo que você finge ser algo (ou alguém) que não é.

Vejamos alguns métodos que o ajudarão a sentir-se mais relaxado:

- **Grave sua voz.** Tente gravar partes de seu discurso enquanto ensaia. Ao reproduzir a gravação, você se acostumará com o som da própria voz e perceberá elementos da apresentação, como o ritmo.
- **Veja-se em vídeo.** Procure vídeos antigos em que você aparece, especialmente algum em que esteja falando ou agindo diante de familiares e amigos. Isso mostrará como uma audiência presta atenção em você. Também revelará se tem hábitos ou manias, como arrumar o cabelo.
- **Exercite a autoafirmação.** Se faz parte da sua personalidade ser quieto ou tímido, precisa aprender a ser mais confiante. Pratique ficar de pé e dizer o que realmente sente. Se você já for autoconfiante e arrojado, então isso virá naturalmente.

Você é capaz de fazer.

foi crítico consigo mesmo e assistiu apenas às partes que não foram muito boas, mas depois de algum tempo, acostumou-se à maneira como se comportava e falava, só então percebendo quantas risadas havia arrancado da audiência.

4.2

Desenvolva sua autoconfiança

Você pode aprender a ser confiante, mesmo se estiver sentindo o contrário. As pessoas, em geral, ficam remoendo o que deu errado no passado. Não se preocupe com as más experiências em apresentações, sejam suas ou de outras pessoas. Em vez disso, aprenda com elas.

- **Pense por que o convidaram para fazer a apresentação.** Provavelmente, é porque você conhece bem o assunto ou por sua ampla experiência. Se os outros têm confiança de que pode realizar um bom trabalho, então isso, por si só, já é um bom começo.
- **Lembre-se de que a forma como atua é um elemento da apresentação.** Ainda que consiga relaxar e agir com espontaneidade durante a apresentação, há vezes em que não sentirá a confiança necessária. Seja firme consigo mesmo para superar a insegurança em relação ao próprio desempenho.
- **Prepare-se integralmente.** Volte aos capítulos 1 e 2 deste livro. Leve em conta não apenas o que sua audiência pensa... mas também

> **Estudo de caso:** Posso afirmar que me tornei confiante o suficiente para falar em apresentações. Há uma área em minha vida, no entanto, na qual não tenho grande confiança: a habilidade de nadar. Fico preocupado quando, por exemplo, preciso fazer uma viagem de barco por águas agitadas.

o que eles sentem. Um segredo das apresentações bem-sucedidas é a necessidade de pensar a respeito do que pode vir pela frente. Ensaie a apresentação (ver item 4.4).

- **Trabalhe sua principal mensagem.** Verifique se pode resumir a parte mais importante de seu discurso. Dessa forma, caso toda a tecnologia fracasse, você ainda pode comunicar o ponto principal de modo eficiente.
- **Tenha confiança no estilo de apresentação adotado.** Não me sinto confortável em falar o tempo todo quando faço uma apresentação. Gosto de fazer perguntas para ver se o público está sintonizado com o que falo.
- **Seja positivo, mas não fale de forma condescendente com a audiência.** Sempre tenha em mente o público. Adapte o que você diz a ele.
- **Lembre-se dos aspectos adicionais de sua apresentação.** São as histórias, os fatos e as citações que trarão mais cor à sua mensagem principal. Avalie quais deles falam mais claramente com você... e perceberá que serão compreendidas pelo público com mais entusiasmo e emoção.

Se os outros confiam em você, então, tenha confiança em si mesmo!

Quando faço seminários, frequentemente comento sobre a insegurança (e baixa motivação) que sinto ao nadar, porque isso mostra aos participantes que sei como é não dominar algo totalmente. Ao confidenciar meus medos, percebo que ficam mais tolerantes quanto aos seus próprios.

4.3

Controle seu nervosismo

Muitos oradores ficam nervosos antes de uma apresentação. Um dos sintomas do nervosismo é a sensação de respiração pouco profunda, boca seca, náuseas e corpo tenso. O truque é aprender a superar a ansiedade. Você pode controlar o nervosismo das seguintes maneiras:

- **Foque-se em algo além de você.** Pense no público. Eles provavelmente não perceberão seu nervosismo. Lembre-se de que você deve saber mais do que eles sobre o assunto em questão. A maioria da audiência quer que o apresentador se saia bem e está do seu lado. Repasse mentalmente os pontos-chave da mensagem que quer transmitir.
- **Respire profundamente.** Descobri que esta é a técnica prática mais útil quando começo a ficar tenso. Respirar longa e profundamente relaxa o corpo naturalmente.
- **Beba água.** Mas apenas pequenos goles, caso não conseguir beber adequadamente pela tensão. Não ingira álcool.

Estudo de caso: Recentemente, Lia comandou um curso sobre o caráter das pessoas que ajudam o próximo. Ela se sentia nervosa antes do início, pois falaria a um grupo de pessoas que não conhecia. Felizmente, ela havia se preparado bem e pensado em uma palavra iniciada com cada

> **"Há dois tipos de oradores, os que ficam nervosos e os que mentem."** Mark Twain, escritor

- **Tente parecer confiante.** Você trabalhou com dedicação para preparar sua apresentação. Portanto, tem todo o direito de saber que todo esse esforço deve fazê-lo parecer, ou de fato ser, confiante.
- **Seja prático.** Escreva o começo e o fim e decore os pontos-chave. Chegue mais cedo. Ensaie antecipadamente tudo que vai falar. Marque o tempo de duração da apresentação.
- **Controle os pensamentos.** Você trabalhou muito em sua apresentação. Agora trabalhe sua imaginação. Visualize-se indo ao palco, falando com confiança e com a audiência satisfeita e recebendo a apresentação calorosamente. Isso ajuda a deixar de lado os pensamentos negativos.
- **Sorrisos.** Lembre-se de que uma piada ou história engraçada pode estabilizar seus nervos.

Você conhece métodos para superar o nervosismo.

uma das primeiras cinco letras do alfabeto: A atenciosa; B bravura; C cuidadosa; D disciplinada; E encorajadora. Repetir as palavras em sua mente permitiu-lhe concentrar-se em fazer a apresentação, em vez de pensar no nervosismo que sentia.

4.4

Ensaie sua apresentação

Uma das melhores formas de melhorar a autoconfiança é por meio dos ensaios. Quanto mais você praticar, mais profunda a mensagem ficará em sua mente. Quando chegar a hora de realmente fazer a apresentação, pode manter contato visual com a audiência e parecer confiante e relaxado.

Formas de ensaiar:

1 Fale em voz alta. Não pense que falar as palavras mentalmente é suficiente. Você pode perceber que se esqueceu de algum ponto em seu argumento e que precisa revisar certas partes. Eu coloco um "X" do lado de minhas observações quando ensaio e faço um breve comentário sobre o que deve ser revisado, para voltar a ele quando terminar de ensaiar.

2 Peça a opinião de colegas ou amigos. Por exemplo, peça a opinião sobre qualquer parte da apresentação sobre a qual não esteja seguro. "Isso soa bem?", "Posso dizer assim?". Exija uma opinião honesta e esteja aberto para aceitar críticas.

3 Cronometre o tempo. Um dos benefícios de ensaiar é permitir ter uma estimativa do tempo da apresentação. Você pode até escrever nas observações em que ponto deveria estar em determinado horário. Por exemplo, precisa estar na metade às 11 horas.

"Todo o trabalho de verdade é feito no período de ensaios."

Donald Pleasance, ator inglês

4 Ensaie com os recursos visuais. Não ensaie apenas o roteiro – faça-o também com a apresentação de slides ou com outros recursos visuais. Novamente, você pode ver o que é eficiente e o que não funciona tão bem. Prepare-se com tempo para fazer os ajustes necessários.

5 Fale no microfone. Isso é particularmente importante se for usar um microfone de mão, porque significa que não terá as duas mãos livres para fazer gestos. Se você não tiver um microfone de verdade ao praticar, use o telefone celular ou uma caneta marcadora.

6 Trabalhe o ritmo. Por exemplo, avalie quando uma pausa deve ser feita ... e quando as mensagens principais devem ser enfatizadas. Ao ensaiar apresentações, muitas vezes sublinho ou destaco as frases principais com alguma cor. A impressão visual as reforça mais profundamente na memória.

Quanto mais você ensaiar, mais profundamente reforçará a mensagem na memória.

4.5

Mostre entusiasmo

Todos, alguma vez, já presenciamos discursos entediantes. O conteúdo pode até ter ficado claro e ter sido estruturado logicamente, mas o palestrante era tão desanimado que não causou impacto algum. Por outro lado, alguém com entusiasmo pode ser contagiante. Se você estiver animado com o assunto, então, seu interesse se disseminará pelo público.

Avalie as emoções que sente pelo assunto. Você se entusiasmou com sua apresentação? Estudou o tema por todos os ângulos a ponto de sua essência ficar entranhada como algo indissolúvel em sua mente? Sente-se instigado a compartilhá-lo com outras pessoas? Tem plena convicção de que a abordagem que defende é claramente a melhor? Seu entusiasmo é maior que quaisquer reservas ou dúvidas internas que possam prejudicar você?

■ **Entre de corpo e alma.** Dar uma boa apresentação é mais do que marcar alternativas com um "X"; é comunicar com entusiasmo:

> **Estudo de caso:** Quando Ashok começou a fazer apresentações, ele escrevia a palavra "sorria" no canto direito superior de cada folha de papel. Isso o lembrava de fazer pausas e reforçar seu entusiasmo para mostrar

é variar o ritmo da voz, mostrar que está emocionado com o assunto por meio da linguagem corporal, expressar os sentimentos sorrindo, ser dinâmico nos movimentos.

- **Use sua abordagem pessoal.** Acredite em você e no assunto que apresenta. Trabalhe sua apresentação; pesquise e conheça-a tão inteiramente até ficar envolvido com ela. Torne-a algo seu. Não repita simplesmente o que ouviu. Parte do material pode ser algo padronizado, mas dê à palestra sua própria abordagem, que a diferencie das demais. Inclua nela seu próprio texto e ideias.
- **Concentre-se na audiência.** A apresentação não se trata primeiramente de você e do seu desempenho, mas de fazer o público progredir em seu conhecimento. Enquanto se apresenta, esteja pronto para adaptar seu estilo e assegurar que a comunicação seja a mais eficiente possível. Envolva a audiência, sempre que possível, por meio de diferentes métodos, por exemplo, encenações ou grupos de trabalho para realizar tarefas em alguns minutos.
- **Comece e termine bem.** Seja extrovertido e provocador na introdução. Encerre com entusiasmo. Se você quiser que a audiência reaja de determinada forma, deixe claro quais são os próximos passos.

Procure disseminar entusiasmo por toda a audiência.

emoção em sua apresentação. Em várias ocasiões, pessoas do público elogiaram sua animação e comentaram como sentiram que ele claramente tinha paixão pelo assunto.

Capítulo 5
Interaja com a audiência

As pessoas aprenderão melhor caso se sintam à vontade com o apresentador. Este capítulo aborda estratégias de como desenvolver uma boa relação com o público. Saber ouvir é essencial e o humor tem papel importante. Outro ponto a ser lembrado é que não se deve sobrecarregar a audiência fornecendo informações demais.

5.1

Quebre o gelo

Muitas vezes, os membros de uma audiência não se conhecem e precisam ser apresentados. Vejamos algumas sugestões que podem ajudar a "quebrar o gelo" de forma criativa e deixar as pessoas mais à vontade.

1 O método tradicional é pedir a cada participante que se apresente: "Diga seu nome, cargo e o que espera desta apresentação". Uma alternativa é pedir às pessoas que apresentem quem estiver a sua direita. Assim, elas terão que passar alguns minutos descobrindo nome, cargo, formação, hobbies ou interesses daquele que estiver ao seu lado.

2 Ou, além dessas perguntas sobre nome, cargo, etc., peça que falem sobre algo do tipo: "Se você fosse um carro, qual gostaria de ser? Por quê?".

3 Desenhe um logotipo pessoal que considere refletir sua personalidade ou interesses. Peça ao público que faça o mesmo.

Estudo de caso: Uma das tentativas mais bem-sucedidas de quebrar o gelo experimentadas por Tom deu-se no início de uma conferência que duraria o dia inteiro, em Londres. Como houve problemas graves de transporte naquele dia, muitos participantes chegaram atrasados e já estavam tensos e estressados antes do início da sessão. O organizador da

> **Minuto de reflexão:** Chegue mais cedo ao local da apresentação para poder cumprimentar os primeiros participantes a chegar. Estenda a mão para saudá-los, sorrindo e apresentando-se, enquanto olha diretamente a eles. "Bom dia, meu nome é Martin. Vou conduzir a palestra de hoje."

4 Escreva o nome de parceiros famosos (por exemplo, Adão e Eva, Laurel e Hardy) em crachás ou adesivos. Coloque um nome nas costas de cada participante. Explique que o objetivo é encontrar seu parceiro na sala. Pode ser com perguntas do tipo: "Sou um personagem de um romance?". As respostas podem ser apenas "sim" ou "não".

Encontre formas de ajudar as pessoas a relaxarem e a se conhecerem antes de entrar na parte principal da apresentação.

conferência, percebendo o ambiente, passou os primeiros quinze minutos da sessão lendo cartões de aniversário – desde os mais comuns até os mais notáveis. A maioria era muito engraçada e logo o público sentiu-se à vontade. A tensão desapareceu rapidamente. Depois disso, o grupo estava bem mais preparado para ouvir a apresentação.

5.2

Não deixe o ritmo cair

O tempo médio que alguém consegue ficar concentrado em um discurso bem estruturado é vinte minutos. Você precisa envolver os participantes para manter a atenção, o interesse e a motivação deles focalizada durante apresentações com duração maior que essa.

Isso é especialmente importante para encontros que ocorram depois do almoço, quando as sessões precisam ser dinâmicas para que a atenção do público não fique dispersa. Nos seminários que faço, trabalho com o princípio de que as pessoas aprendem com mais eficiência o que dizem e fazem em comparação ao que apenas digo a elas. Seguem algumas maneiras de não deixar o ritmo cair.

■ Faça perguntas. Em vez de dar as respostas ao público, inicie um assunto fazendo uma pergunta aberta, que tenha várias possibilidades de resposta. Escreva as respostas no cavalete flip-chart, parabenizando cada uma com comentários de incentivo. No fim, avalie a importância

Estudo de caso: Justine comanda apresentações sobre o uso de diagramas de ideias. Ela divide a apresentação em três estágios. No primeiro, mostra exemplos desses diagramas. No segundo, pede aos participantes que escrevam um diagrama de algo que seja parte de suas vidas, mas não relacionado ao trabalho deles. Exemplos típicos seriam o planejamento

das respostas e acrescente as próprias ideias se algum dado relevante estiver faltando.
- Crie jogos. Forme equipes para desempenhar tarefas e disputar quem as termina antes e melhor.
- Pergunte aos membros da audiência se entenderam. Pergunte: "Faz sentido para você?". Se não fizer, retome o assunto de forma mais lenta e, caso necessário, de outro ponto de vista.
- Forme equipes pequenas (*buzz groups*, em inglês). Divida o público em grupos de três a seis pessoas e dê a cada um alguma tarefa breve. Peça a cada *buzz group* que indique uma pessoa para relatar as conclusões aos demais.
- Peça aos colegas que trabalhem em duplas. Proponha a discussão de algum ponto em particular ou a realização de tarefas. Muitas vezes, peço aos participantes para que discutam ou trabalhem em duplas – a falta de conhecimento ou confiança de uma pessoa frequentemente é equilibrada pela maior confiança ou conhecimento do colega.
- Organize encenações. Distribua papéis para que as pessoas incorporem determinada situação e tenham, elas próprias, que pensar e solucionar problemas.

O que os participantes aprendem melhor é aquilo que eles mesmos dizem ou fazem.

de férias ou de um casamento. Ela normalmente pede a pelo menos um dos participantes que fale sobre o que escreveu. No terceiro estágio, solicita aos participantes que elaborem um diagrama de ideias relacionado ao seu trabalho. Graças ao envolvimento ativo nos dois estágios anteriores, a tarefa final flui de modo relativamente fácil.

5.3

Adicione uma dose de humor

O humor relaxa a audiência e é uma forma eficiente de comunicar mensagens, além de ajudar os participantes a memorizá-las. Sua apresentação será uma experiência agradável se você adicionar um pouco de humor, porém sem exagero.

Um pouco de humor, desde que sutil e no momento certo, ajudará o público a relaxar, principalmente, se não fugir de seu estilo e for adequado à situação. Tome cuidado, no entanto, para não exagerar na dose. Sua principal tarefa é fazer a apresentação e não ser engraçado o tempo inteiro. Redobre a atenção ao contar piadas de verdade. Elas não funcionarão se forem à custa de pessoas de outra etnia, sexo ou idade. Você não quer alienar nem ofender ninguém. Seguem alguns exemplos de humor leve que costumam funcionar:

1 Histórias pessoais. Conte histórias da própria vida, por exemplo, mal-entendidos. Uma das vantagens é mostrar que você também é humano, que é uma pessoa como qualquer outra.

2 Comparações. "O homem que deixa de anunciar para economizar dinheiro é como o homem que para o relógio para economizar tempo." (Anônimo). "Ganhar dinheiro é como tentar

> **Minuto de reflexão:** No contexto adequado, uma pequena piada pode funcionar, caso não seja ofensiva. Por exemplo, ao descrever como promover mudanças administrativas, você pode perguntar em tom de brincadeira: "Quantas pessoas na [inclua um setor ou empresa avessa a mudanças] são necessárias para mudar o mundo?". Resposta: (em tom de surpresa) "Mudar para quê?".

cavar com uma agulha; gastar dinheiro é como tentar molhar a areia." (Provérbio).

3 Definições engenhosas. O mestre desta arte era Ambrose Bierce (1842-1914), jornalista e humorista americano que escreveu *O Dicionário do Diabo*. Um bom exemplo é sua definição para a palavra "consultar": buscar a aprovação alheia para algo já decidido.

4 Citações breves. Por exemplo: "Deixar de fumar é o mais fácil que já fiz. Devo saber bem do que falo, porque já parei umas mil vezes." (Mark Twain). Sobre sorte: "Acredito muito na sorte e acho que quanto mais trabalho, mais sorte tenho." (Stephen Leacock). Sobre sinceridade: "Um pouco de sinceridade é algo perigoso, e uma grande dose é absolutamente fatal." (Oscar Wilde).

Adicione um pouco de humor leve para relaxar o público.

5.4

Menos é mais

Às vezes, com frequência, cedemos à tentação de adicionar mais e mais palavras ou slides. O impacto, no entanto, provavelmente será sobrecarregar o público com muitas informações. Mantenha o foco em suas mensagens principais.

Leva tempo escrever uma versão concisa e precisa de uma apresentação. Repasse a leitura de seu esboço de preparação parando apenas na mensagem principal. Se não estiver certo qual é, trabalhe no esboço até ter certeza do principal ponto que quer comunicar. Você, então, buscará os pontos secundários – que podem ser as evidências de suporte do ponto principal. Seja impiedoso consigo mesmo; pergunte: "Será que isto se encaixa no meu objetivo principal? Será que este aspecto precisa, absolutamente, ser incluído?". Se a resposta for não a uma ou ambas perguntas, então, apague essa parte.
■ Se estiver preparando uma apresentação de slides, use apenas uma imagem por slide. Reduza títulos e legendas a sua forma mais simples – você pode falar mais sobre o assunto, em vez de escrever no slide. Se tiver mais de seis linhas no slide, corte mais.

Estudo de caso: A palestra de Aaron parecia continuar e continuar, mesmo depois de ele ter comunicado as mensagens mais importantes. Ele havia cedido à tentação de agregar só mais um ponto... ou dois... na esperança de persuadir mais pessoas a

"Não tive tempo de escrever uma carta curta, então, escrevi uma longa mesmo."
Mark Twain

- Ao trabalhar seu material, tenha a preocupação de que o conteúdo seja realmente seu. Você foi chamado para fazer uma apresentação, então, não repita simplesmente fatos de conhecimento geral. Dê o próprio enfoque: por exemplo: "Acredito que entre as possíveis razões para o declínio nas vendas estejam...".
- Quando tiver acabado de encolher a apresentação, revise-a desde o começo para ver se as sequências ainda fazem sentido, se você não cortou nenhum elo importante em seu argumento ou se acidentalmente não excluiu algum ponto fundamental.

As pessoas vão agradecer se você terminar cedo, mas não o farão se ultrapassar o tempo!

aceitar sua opinião. Posteriormente, um amigo lhe disse: "Você terminou, mas não parou." Na apresentação seguinte, Aaron parou depois de ter demonstrado seus pontos-chave, quando o momento era apropriado e ainda dominava as atenções.

5.5

Lembre-se. Lembre-se o tempo todo

É recomendável que você memorize partes de sua apresentação. Dessa forma, não precisará ficar olhando para baixo para ler suas observações e pode manter mais contato visual com os participantes. Também vale a pena aprender nomes de pessoas do público.

■ **Use a primeira letra de cada palavra para formar outra.** Por exemplo, em meu curso de redação de relatórios, ensino os elementos básicos a partir da palavra PARIS: Público-alvo, Análise, Recomendações, Interpretação, Setor-alvo.

■ **Crie uma imagem ou sentença em sua mente.** Quanto mais incomum ou chocante a imagem for, mais fácil será de lembrar. Você também pode pensar em uma história e relacionar seu desenrolar aos estágios de um processo. Quanto mais sentidos incluir (por exemplo, aromas ou sons) na narrativa, mas fácil será memorizá-la.

Seguem algumas dicas para lembrar-se de nomes.

■ **Escreva os nomes.** Antes de uma apresentação, traço o plano dos assentos e, depois de cumprimentar as pessoas à medida que entram na sala, escrevo seus nomes. Normalmente, consigo anotar os da maioria, a não ser quando meia dúzia entra ao mesmo tempo. Então, durante o evento, posso me referir a esses nomes. Uma vez, quando mencionei o nome de uma das pessoas que estava na audiência, ela ficou surpresa e quis saber como eu fazia para não esquecer: "Como você consegue?". "Você me disse seu nome e eu o escrevi!", respondi.

- **Associe uma característica ao nome.** Se Lorena for loira, você pode se lembrar da letra "L" para Lorena e loira. Se um amigo tiver dois filhos: Paul e Leo. Paul é o menor e mais baixo, então, vou tentar me lembrar da letra "P", pequeno Paul. Você pode anotar abreviaturas para as características das pessoas. Naturalmente, é melhor não falar sobre esses pequenos truques com os envolvidos.
- **Coloque os nomes em ordem alfabética em sua mente.** Essa é uma dica bem pessoal minha, já que escrevo dicionários. Se eu tiver a Julie, June e Karen sentadas respectivamente uma ao lado da outra, a ordem alfabética é uma boa forma de memorizar os nomes. (Tome cuidado com o retorno dos intervalos para o café, quando elas podem não ficar juntas, mas até lá você já deve ter aprendido o nome delas).
- **Use o nome das pessoas ao se dirigir a elas.** "Obrigado, Peter, bem lembrado." Preste atenção, no entanto, para não pecar pelo excesso: usar o nome de alguém a cada momento em que fala com a pessoa é exagero.

Use mnemônicos para decorar partes de sua apresentação e para lembrar-se dos nomes das pessoas.

5.6

Ouça com atenção

A arte de ouvir é, muitas vezes, negligenciada como habilidade importante de comunicação. Ouvir os outros é vital, especialmente em apresentações que vão além da esfera dos negócios e são mais pessoais. Vejamos sete formas de ouvir os outros de maneira adequada:

1 Respeite cada indivíduo como único. Reconheça a necessidade no interior de cada um, de se expressar como uma pessoa singular.

2 Concentre-se na outra pessoa. Olhe para ela. Muitas vezes, em conversas, enquanto a outra pessoa está falando, ficamos apenas pensando no que vamos responder, em vez de realmente ouvi-la.

3 Ouça o que as outras pessoas estão dizendo e vá além. Perceba seu tom de voz, expressões faciais, tenha consciência de seus sentimentos, quando e como fazem pausas. Perceba o que as pessoas não estão dizendo.

Estudo de caso: Rachel conduzia o seminário "Treinando os treinadores", de dois dias, e logo no início, perguntou aos participantes por que eles haviam se inscrito. Uma mulher, Jane, disse que havia sido promovida a instrutora recentemente, mas se sentia intimidada. Tinha a sensação de ter sido escolhida porque não havia mais ninguém disponível. Rachel percebeu, então, que a maior necessidade da par-

4 Compreenda os outros. Acredito que apenas podemos, de fato, fazer isso quando temos confiança em nós mesmos como pessoas, sem ficar constantemente ansiosos, ou preocupados com o que pensam de nós.

5 Respeite a privacidade alheia e não vá além do que as pessoas querem revelar.

6 Perceba as pistas que os outros dão quando querem falar mais sobre si e reaja de forma apropriada. Você pode apenas dizer "hum" para expressar seu desejo de ouvir mais ou fazer uma pergunta curta que lhes permita continuar.

7 Relembre e tente resumir em poucas palavras o que a pessoa disse. Isso mostra que você realmente ouviu e tentou entender. Se tiver entendido algo de forma errada, logo alguém o corrigirá.

Pratique a arte de ouvir de verdade.

ticipante era uma reafirmação sobre sua indicação para o cargo. No segundo dia, ela presenteou Jane com um lírio branco e lhe disse: "Em nome do grupo, gostaria de lhe declarar instrutora". Jane ficou visivelmente emocionada e, posteriormente, na sessão de comentários sobre o evento, disse que aquela havia sido a parte mais significativa de todo o curso.

Capítulo 6
Tenha consciência de sua linguagem corporal

A linguagem corporal é de grande importância na forma como nos comunicamos. Ao fazer uma apresentação, os gestos e os movimentos dizem tanto quanto as palavras. Este capítulo inclui dicas e técnicas sobre como devemos nos vestir, nos portar (parados ou andando), estabelecer contato visual com o público e controlar a própria voz.

6.1
Vista-se para o sucesso

As roupas que você usa são parte relevante da imagem que representa. Mesmo nos tempos de hoje, de menos formalidade, normalmente se espera que a pessoa encarregada de uma apresentação se vista bem. Além disso, vestir roupas adequadas vai fazer com que se sinta bem e aumentar sua confiança, levando o público a prestar mais atenção em você.

Seguem alguns conselhos sobre roupas e aparência pessoal:

1 É melhor pecar por estar vestido mais formalmente que os participantes do que o contrário.

2 Se você estiver em dúvida sobre a forma de se vestir mais apropriada para a apresentação, peça sugestões a colegas.

3 Optar por preto, azul-marinho ou cinza-escuro pode dar um ar de maior autoridade. Usar cores claras pode fazer com que pareça mais criativo, dinâmico e decidido.

4 Escolher tons pastéis ou cores pálidas (muito claras) faz com que pareça gentil e amigável.

5 Nos dias de hoje, normalmente é aceitável tirar o paletó enquanto se fala. Pode sinalizar que você está ali para conversar seriamente, com profissionalismo.

6 As gravatas não devem ser muito extravagantes. Lembro-me de uma vez em que, depois de uma apresentação, um colega veio conversar comigo. Esperava que ele comentasse sobre o discurso, mas tudo o que ele disse foi: "Gostei da sua gravata!".

7 Procure usar sapatos limpos e elegantes, práticos e confortáveis (não necessariamente que estejam na moda).

8 Evite carregar na maquiagem ou colocar muitas joias. Isso não condiz com um ambiente de negócios.

9 Não negligencie a aparência pessoal. Tenha o cuidado de estar com o cabelo limpo e arrumado, com as unhas bem cortadas e com a maquiagem adequada. Se necessário, use desodorante, perfume e loção pós-barba que sejam agradáveis, mas sem exagerar.

Usar roupas boas aumentará sua autoconfiança e causará boa impressão na audiência.

6.2

Fique de pé e seja visto

Um dos elementos fundamentais da linguagem corporal é a postura. É importante passar uma mensagem clara: você é o centro das atenções durante a apresentação e tem confiança no que diz.

Pesquisas mostram que ficar de pé para fazer uma apresentação é a maneira mais eficiente de conquistar a atenção do público. A melhor forma para se estar em pé é com os pés separados e plantados com firmeza. Mantenha os ombros para trás, mas relaxados. Não fique encurvado!

Ficar de pé faz com que o apresentador fique mais visível para o público. Mesmo assim, descubra se todos na audiência conseguem ter contato visual com você.

1 Certifique-se de que não haja pontos cegos que interfiram na visão das pessoas para enxergar quem apresenta.

Estudo de caso: Rohid estava sem confiança em si mesmo e por isso se sentava ao fazer as apresentações. Ele se sentia inseguro e tinha certeza de que todos achavam que ele era um estúpido ao falar de pé. Aos poucos,

"Mais vale morrer de pé do que viver de joelhos."

Emiliano Zapata, revolucionário mexicano

2 Tome cuidado para não ficar na frente da tela ou de algum recurso visual.

3 Verifique se a iluminação é apropriada – não pode ser muito escura (o que pode levar as pessoas a adormecer) nem clara demais, pois você também não pode ser ofuscado pela luz.

Se você não tiver certeza de ficar sentado ou em pé, então, prefira ficar em pé.

no entanto, ele foi ganhando confiança e aprendeu que seu papel como apresentador exigia que ficasse de pé. Isso era esperado dele como parte da tarefa de ministrar uma palestra.

6.3

Mantenha contato visual com as pessoas

Como você está confiante quanto à sua apresentação, não precisa ficar olhando o tempo todo para as anotações e pode concentrar a atenção nas pessoas.

- **Olhe para todo o público.** Não encare apenas uma parte da audiência. Tente fazer contato visual com todos os presentes.
- **Procure pistas nas expressões faciais.** Se as pessoas sorrirem e assentirem com a cabeça quando olhar para elas, isso provavelmente é sinal de aceitação ao que você diz. Também será possível perceber se o público está confuso ou entediado e, a partir daí, mudar o ritmo da apresentação ou passar para outro tópico.
- **Se alguém evitar contato visual, tenha perseverança.** Faça o que puder para relaxar a audiência, e gradualmente eles começarão a se sentir à vontade para olhar em seus olhos.

Estudo de caso: Em uma de suas primeiras apresentações, Maria percebeu que as lentes de seus óculos não estavam funcionando. Por ser míope, ela conseguia focar claramente suas anotações, mas, ao levantar a vista, a percepção do público ficava um pouco nebulosa. Maria sabia que ficar

- **Não encare.** Não olhe por muito tempo para a mesma pessoa, pois a fará sentir-se desconfortável.
- **Como falar individualmente.** Quando você iniciar uma conversa com apenas uma pessoa (por exemplo, se alguém fizer uma pergunta), olhe para ela parte do tempo, mas também para as demais, para que a atenção do público não comece a se dissipar.
- **Como lidar com pessoas inconvenientes.** Ao responder a uma pergunta difícil ou hostil, não olhe diretamente nos olhos da pessoa o tempo inteiro. Reserve cerca de 25% do tempo para o contato com os olhos dessa pessoa e os outros 75% para o restante da audiência. Isso permitirá avaliar a reação dos demais ouvintes à questão e à sua resposta.

Ao responder às perguntas, faça contato visual com todas as pessoas do público. Não fique encarando um único espectador.

> mexendo nos óculos enquanto olhava para a audiência acabaria distraindo a plateia, então, continuou assim mesmo até o fim daquela apresentação. Quando acabou, ela foi de imediato encomendar lentes multifocais para poder ler seus apontamentos e ver o público com nitidez.

6.4

Controle sua voz

A voz é a ferramenta mais importante que você tem ao fazer uma apresentação. Aprender a usá-la bem é fundamental para o seu sucesso.

Você pode aprender a controlar a voz enquanto fala. Pratique este exercício: aprenda a inspirar profundamente – não apenas levantando os ombros. Ao inspirar, você deve sentir as costelas inferiores moverem-se para cima e o ar se acumular nos pulmões. Permita que o fluxo de ar mais forte passe pela laringe e produza uma voz mais alta.

1 Antes de uma apresentação, aqueça a voz. Faça zumbidos com ela, fale consigo mesmo – mas não deixe ninguém ouvir...

---

2 Varie o volume de sua fala: algumas vezes fale alto; outras, de forma mais suave.

---

3 Varie a velocidade de sua fala: algumas vezes fale mais rápido; outras, mais lento.

---

4 Use diferentes tons ao dizer as palavras. Não fale de forma monotônica o tempo inteiro. Transmita entusiasmo – sua audiência reagirá da mesma forma.

> **Minuto de reflexão:** Ensaie em voz alta parte da apresentação. Quanta expressão você coloca na voz? Há muitas "muletas" para preencher vazios, como "então" ou "hummm" invadindo sua apresentação?

5 Abra a boca de forma ampla, movendo os lábios e modulando as palavras completas, com clareza e sem comer sílabas.

6 Atente para sua voz não "sumir" ao concluir as frases. Diminuir a voz no fim das sentenças soa maçante para o público.

7 Enfatize palavras positivas que queira destacar. Você pode até repeti-las para colocá-las ainda mais em evidência.

8 Tome cuidado para não usar as "muletas" ou interjeições que não querem dizer nada e que costumamos usar: "o.k.", "você sabe", "hummm", "ééé". Peça a um amigo que identifique suas fraquezas em particular. Uma vez, durante uma apresentação, contei quantas vezes um palestrante disse "hum": 114 vezes durante 45 minutos. É melhor ficar em silêncio do que usar interjeições ou "muletas" dessa forma.

Aprenda a respirar profundamente e pratique o controle de sua voz.

6.5

Faça pausas para pensar

Apresentadores inexperientes tendem a cometer o erro de falar rápido demais, apressando a apresentação e fornecendo informações demais de uma só vez. À medida que ficar mais experiente, você conseguirá usar a técnica das pausas mais habilmente.

Como apresentador, precisará usar as pausas para se "recarregar" e passar às partes seguintes do discurso. O público também precisa das pausas enquanto ouve, para poder absorver e digerir melhor o que você diz.

> **Minuto de reflexão:** Analise todo seu material e identifique pontos em que você possa fazer pausas como forma de enfatizar a mensagem.

- As pausas são particularmente úteis quando você acaba de apresentar algum argumento importante. Permitem à audiência absorver o que foi dito recentemente.
- Também são úteis antes de você apresentar algum argumento importante. Preparam o caminho para algo significativo que está por vir.
- Permitem agrupar seus pensamentos e preparar sua mente, quando você quer passar para o ponto seguinte.
- São uma boa forma de marcar uma mudança de assunto.

As pausas não devem ser muito longas. É semelhante a alguns aparelhos da academia. Quando paro com a bicicleta ergométrica, depois de alguns instantes, aparece uma mensagem de "Pausa" no monitor. Só quando continuo parado por mais algum tempo, a máquina percebe que não vou continuar e que realmente parei. Pausas muito longas podem confundir as pessoas e fazê-las se perguntar se o apresentador está se sentindo bem. Também podem causar tensão ou desconforto. Portanto, faça apenas pausas planejadas.

Planeje pausas após ter apresentado argumentos importantes ou quando você quer mudar de ritmo.

6.6
Fique em movimento

Pode ser bastante entediante para o público ver você fazer a apresentação em uma posição estática, atrás de uma tribuna. Movimentar-se e mostrar mais dinamismo é uma boa forma de manter a atenção das pessoas. Vejamos cinco regras fundamentais sobre o que fazer com o corpo enquanto fala.

1 Não se esconda atrás da tribuna. Da mesma forma, não se apoie nele para diminuir a tensão. Saia de sua zona de conforto, saia de trás dos móveis e caminhe um pouco pela sala, fazendo contato visual com os espectadores.

2 Não deixe de sorrir. Sorrir, além de descontrair o ambiente, fará as pessoas sentirem que você está relaxado, mesmo se não estiver.

Estudo de caso: A gerente de George reclamou que ele parecia estar muito desconfortável durante suas apresentações, mas ele não entendeu bem o que ela quis dizer. Ela, então, sugeriu a George que pedisse que alguém o gravasse em uma das palestras, para que ele entendesse o que ela

3 Use as mãos e outros gestos para enfatizar seus principais argumentos, ter mais poder de influência e conectar-se com a audiência.

4 Não fale de costas para o público enquanto olha para o telão ou escreve no cavalete flip-chart. As pessoas prestarão menos atenção ao que você diz.

5 Evite hábitos que distraiam a plateia. Não mexa no cabelo ou brinque com chaves, joias ou canetas, nem fique batucando com moedas.

Saia de trás do púlpito e gesticule de forma significativa.

queria dizer. De fato, assim que George assistiu ao vídeo dele mesmo, viu que, a cada 10 ou 15 segundos, arrumava o cabelo para tirá-lo dos olhos. George sentiu-se grato à gerente por ajudá-lo a perceber o problema, já que muita gente acha a mania irritante.

Capítulo 7

Aprenda com o retorno do público

Quando você se aproximar do fim da exposição do assunto, provavelmente terá vontade de abrir espaço para o público fazer perguntas. Pode ser uma boa oportunidade não apenas para esclarecer algum ponto, mas também para reiterar as mensagens mais importantes. Você também pode pedir que as pessoas façam alguma avaliação ou deem um retorno sobre como foi a apresentação. Sempre há possibilidade de aprender com os erros.

7.1

Decida quando permitir perguntas

Como apresentador, tente não ficar ansioso demais com a ideia de perguntas a que você não saiba responder e que possam deixá-lo constrangido. As perguntas dão oportunidade de esclarecer dúvidas e pontos que o público não entendeu bem. Seguindo certas diretrizes, você ficará menos preocupado com essa parte da apresentação.

Como lidar com perguntas durante a apresentação

Se a sua apresentação for informal e para poucas pessoas, pode ser melhor permitir perguntas enquanto estiver falando. Diga logo de início: "Vocês podem me interromper, caso não entendam algo e quiserem que explique de novo."

Isso vai interferir no fluxo narrativo, deixando-o mais lento, então, você precisará atuar para ter o controle do andamento, sem se desviar muito do assunto e procurando, nos momentos oportunos, direcionar o discurso para o rumo planejado. Não tenha receio de dizer: "Boa observação – vou abordar isso em alguns minutos" ou "Vamos guardar essa questão aqui ao lado [você pode gesticular como se a estivesse guardando] e a retomamos mais tarde".

Abrir espaço para perguntas durante a apresentação permite que você avalie o nível de conhecimento e atenção do público. Certa vez, durante uma palestra, uma das pessoas da audiência fez uma pergunta bastante básica, o que me fez perceber que precisava reajustar o nível do que estava falando.

> **Minuto de reflexão:** Caso prefira evitar perguntas, pode dizer: "Se ninguém tiver mais nenhuma pergunta, agora vamos fazer um intervalo". O público, ao ouvir a palavra "intervalo", pode preferir relaxar um pouco a fazer perguntas. Ainda assim, você deve estar preparado para algum tipo de questionamento.

Como lidar com perguntas no fim da apresentação

Caso a apresentação seja mais formal e para um grupo grande, então é melhor reservar, no mínimo, quinze minutos para perguntas no fim. Diga ao público logo de início que terão espaço para fazer perguntas. Depois de encerrar a fala, faça uma pausa e diga: "Muito obrigado pela atenção de vocês. Fico satisfeito em poder responder a qualquer pergunta que queiram fazer."

Procure encerrar a sessão de perguntas em grande estilo, com alguma resposta particularmente boa. Complete os minutos finais voltando a frisar as mensagens mais importantes da apresentação.

Decida se vai ser melhor responder às perguntas do público durante ou no fim da apresentação.

7.2

Responda bem às perguntas

Depois de decidir em que momento responderá às perguntas, aproveite a oportunidade e use as respostas para reforçar as principais mensagens da apresentação. Continue mantendo o controle do ritmo nessa parte. Seu trabalho ainda não acabou!

1 Identifique prováveis questionamentos na preparação e pense antecipadamente nas melhores respostas.

2 Sente-se ao ouvir uma pergunta. Fique de pé quando começar a respondê-la (isso vai lhe dar um pouco mais de tempo para pensar na resposta). Beber um pouco de água também ajudará.

3 Ouça a pergunta com atenção. Não interrompa a pessoa. Escreva as palavras-chave da questão enquanto planeja o que responder, para ajudar na concentração.

4 Diga o nome da pessoa ao responder. "Obrigado, Robert". (Ver o item 5.5 sobre como lembrar-se do nome das pessoas).

5 Repita – ou reformule – a pergunta antes de começar a responder. Olhe tanto para a pessoa que perguntou como para o restante do público. Repetir a pergunta fará com que toda a audiência a ouça. Também ajuda a organizar suas ideias e planejar a melhor maneira de respondê-la.

6 Tenha a preocupação de responder de fato à pergunta. Não siga o exemplo dos políticos, que sempre se desviam do assunto.

7 Seja honesto se não souber dar uma resposta e diga. Você pode se oferecer para pesquisar os detalhes e responder à pessoa posteriormente ou pedir a um colega, que esteja presente no encontro e que seja conhecedor do assunto, que responda. Não tente enrolar ou enganar o público fingindo saber algo que não sabe. As pessoas vão perceber.

8 Não permita que um ou dois membros da audiência dominem toda a sessão de perguntas. Depois de responder a uma ou duas questões de uma pessoa que se mostre difícil de lidar, diga algo como: "Talvez possamos ouvir os comentários e as perguntas de outros ouvintes" ou "Seria bom ouvir o que uma parcela maior de pessoas tem a dizer". Outra alternativa é sugerir à pessoa que faz muitas perguntas que discutam mais o assunto posteriormente. "Talvez possamos debater mais sobre isso durante o intervalo para o café."

Identifique possíveis perguntas e formule antecipadamente as respostas.

7.3

Responda educadamente a perguntas hostis

Algumas vezes, você encontrará pessoas deselegantes... que querem fazê-lo cair em armadilhas, atrapalhar a reunião ou, talvez, mostrar tudo o que sabem. Como reagir? Mesmo quando a pergunta for colocada de forma agressiva, é importante que você continue calmo e não responda com hostilidade. Mantenha o respeito com qualquer membro da audiência.

1 Ao dar a resposta, tente encontrar áreas em que você e o autor da pergunta concordem e use isso como ponto de partida para seguir adiante. Pode dizer, por exemplo: "Todos concordamos que os atuais prejuízos não podem continuar e que precisamos fazer esses cortes, mas parece que temos opiniões diferentes sobre como devem ser esses cortes". Outra alternativa é: "Gostaria de saber o que está por trás de sua pergunta. Poderia nos esclarecer por que está perguntando isso?". Peça à pessoa que apresente a questão com termos mais específicos – e não de forma geral –, que provavelmente facilite a você responder.

2 Ao responder a uma questão difícil, não tenha medo de declarar sua posição com firmeza. É de se esperar que você tenha previsto algumas dessas questões mais complicadas em sua preparação e que já tenha pensado em formas criativas de responder a elas.

3 Ao responder a uma pergunta inoportuna, olhe a maior parte do tempo para o restante da audiência (ver item 6.3). Se você mantiver contato visual com a pessoa que perguntou – especialmente se fizer isso mais para o fim da resposta –, ela pode interpretar a atitude como um convite para fazer outra pergunta. Então, o mais aconselhável é encarar o público em geral.

4 Não leve qualquer hostilidade ou agressão para o lado pessoal; na maioria das vezes, esse tipo de reação é direcionada a alguma ideologia ou, talvez, a algum grupo de pessoas e não a você individualmente.

Não leve para o lado pessoal qualquer hostilidade ou agressão.

7.4

Realize uma discussão focada no assunto da apresentação

Finalmente, a apresentação acabou. Talvez agora seja o momento de as pessoas discutirem o que você abordou e tomarem algum tipo de decisão. É importante que essas discussões não se desviem do assunto em pauta e se concentrem nas principais questões tratadas.

- Não espere que os outros comecem a discussão: cada participante deve ter papel ativo.
- Ouça com atenção o que os outros dizem. Enquanto alguém fala, não pense apenas no que vai responder; considere a contribuição dos demais.
- Concentre-se nas questões mais importantes e evite as menos significativas. Atenha-se aos argumentos centrais.
- Quando necessário, conteste ideias, não pessoas. Seja honesto, mas não autoritário.
- Seja positivo e compreensivo. Aceite a contribuição dos demais.
- Esteja aberto a mudar de ideia.
- Caso você discorde de algo, seja construtivo e concentre-se em questões reais. Tente encontrar formas criativas de superar dificuldades.

É importante que o andamento das discussões seja comandado por um bom coordenador, que mostre o caminho a seguir, determine o contexto, mantenha o debate focado e tome o cuidado de impedir que apenas algumas pessoas dominem a conversa ou que provoquem atritos. Um coordenador de discussões eficiente também terá conversado antes sobre questões controversas com os principais envolvidos. Ele poderá resumir os progressos, tirar conclusões, tomar decisões de bom senso e ser claro quanto aos próximos passos.

Ao decidir os passos seguintes, deve ficar determinado quem será responsável pelas ações. O ideal é que se baseiem no acrônimo SMARTER, que significa "mais inteligente" em inglês. As ações devem constar do resumo escrito da discussão ou em algum e-mail.

- **S = Simples e específicas.** Sem ser vagas ou deixar margem a dúvidas.
- **M = Mensuráveis.** Que possam ser avaliadas.
- **A = Alcançáveis.** Que sejam possíveis, dentro do alcance e realistas.
- **R = Relevantes.** Realistas e significativas.
- **T = Tempo.** Devem ter um prazo específico.

Posteriormente, essas ações devem ser:
- **E = Examinadas** e avaliadas por outras pessoas;
- **R = Registradas** para uma próxima reunião.

Ao decidir sobre os próximos passos, é importante determinar ações claras. Pense em ações SMARTER.

7.5
Avalie sua apresentação

É importante ter algum tipo de avaliação ou retorno da apresentação, para que você possa saber o que foi produtivo e o que não funcionou tão bem. Não importa que tenha se saído bem ou mal, pois poderá melhorar na próxima vez.

Não pergunte apenas "como me saí?" para algum colega compreensivo demais: busque o retorno de amigos nos quais confia (caso você esteja dando o retorno, seja bem específico e siga esta orientação: comece com comentários positivos, passe para os negativos e encerre novamente com os positivos).

Uma das opiniões de maior ajuda que já recebi veio de David, líder de uma empresa de treinamento para a qual trabalhei: minha preparação era boa, mas o material impresso que distribuí, longo demais. Os participantes perdiam muito tempo lendo e, consequentemente, não ouviam o que eu dizia. Alguns pontos eram úteis, mas eu os mencionava com muita rapidez. Ele também me fez perceber que eu estava visivelmente incomodado ao ter que assumir uma atitude de vendedor; e confesso que realmente me sinto melhor com a abordagem mais suave, de "venda persuasiva".

Estudo de caso: Sigo como regra pessoal não ler os formulários de avaliação até depois da primeira estação de trem no caminho para casa, que fica a 13 minutos de Londres. Isso me dá tempo de relaxar um pouco. Normalmente, sinto-me

Vejamos exemplos de perguntas que podem estar no formulário de avaliação do evento:

- O apresentador demonstrou conhecimento do assunto?
- O conteúdo abordado foi interessante?
- Como foram o ritmo e o tempo da apresentação?
- A apresentação teve o grau apropriado de profundidade?
- Os recursos visuais auxiliaram na compreensão do conteúdo?
- O material impresso foi útil?
- Você recomendaria a apresentação a outras pessoas?
- A sala onde ocorreu o evento é adequada?
- Como foi a organização da apresentação?
- De que forma específica a apresentação ajudou você?
- Você tem alguma sugestão para melhorar a apresentação?
- Algum comentário adicional?

Obtenha o retorno do público, para poder avaliar a efetividade de sua apresentação.

satisfeito com o retorno – os que dizem "você foi muito rápido", normalmente, são equilibrados pelos que dizem "você foi muito lento". Deixo os comentários positivos no topo da pilha de folhas, para aumentar minha autoconfiança.

7.6

Aprenda com seus erros

Algumas vezes, a apresentação pode tomar o rumo errado e chegar a um resultado bem diferente do que esperávamos ou planejávamos. O segredo para fugir disso é avaliar o que foi feito, refletir a respeito e aprender com o que não deu certo. E nunca se esqueça disto: a prática leva à perfeição!

Ao longo dos anos, a maioria das seguintes situações aconteceu comigo:

- Ultrapassei completamente o tempo – Procure fazer com que a parte mais importante da apresentação esteja no início.
- Perdi a atenção do grupo no meio do discurso – Esteja preparado para prosseguir com outros métodos de apresentação.
- Alguém do público abandonou a apresentação por divergência com algo que eu disse – Não leve para o lado pessoal; seja profissional.
- Esqueci o crachá de identificação... ou as folhas com minhas observações – Deixe um lembrete para não esquecer da próxima vez!
- Pessoas importantes da audiência não estão presentes ou alguém que não era esperado entra de repente – Prossiga normalmente; mantenha a calma.

Estudo de caso: Em dois anos seguidos, Connor fez uma apresentação de um dia sobre comunicações para uma empresa. No primeiro ano, o evento foi um sucesso: ele conseguiu criar afinidade com os cerca de 30 ouvintes presentes na sala. No ano seguinte, ele se sentiu confiante em utilizar o mesmo material para um grupo de 15 pessoas. O que ele não

- Não fiz cópias suficientes do material impresso – Peça discretamente que alguém faça mais cópias, incluindo várias a mais, de reserva.
- Começo a perceber que minhas histórias ou senso de humor não provocam muitos sorrisos – Tente uma abordagem diferente o quanto antes.
- Percebo de repente que o conteúdo do slide ficou muito apertado ou que o tamanho das letras está muito pequeno – Lembre-se de verificar isso antecipadamente da próxima vez.
- Não consigo ser ouvido. Um amigo disse uma vez: "Foi um discurso ótimo, mas não consegui ouvir uma palavra do que você disse!" – Ajuste o microfone. Pergunte às pessoas do público se conseguem ouvir sua voz.
- O equipamento não funciona – Seja paciente. Peça ajuda e explique a situação ao público. Se for o caso, comece sem o equipamento.
- Tive discussões com amigos ou colegas antes de me apresentar – Concentre-se no presente. Você se esforçou muito para preparar sua apresentação. Não deixe nada atrapalhar seu desempenho e faça jus a todo o trabalho que teve.
- Em uma apresentação em equipe, meus predecessores não tiveram sucesso em seus discursos – Não deixe que isso influencie o seu desempenho quando chegar a sua vez de falar. Faça seu melhor para retomar o ritmo.

Tome cuidado com as armadilhas mais comuns e aprenda a recompor-se diante de qualquer eventual incidente.

esperava era o baixo nível de motivação do público menor. Ele teve que usar toda sua energia, capacidade e métodos disponíveis para manter a atenção do grupo durante o dia. A lição que Connor aprendeu é que cada grupo tem suas características, e que ele precisa ser capaz de adaptar sua apresentação para diferentes públicos.

7.7
Seja perfeccionista em sua apresentação

Você é tão bom quanto sua última apresentação. E precisa manter suas habilidades. Seu objetivo é ser o melhor, portanto, você precisa persistir. Pense na apresentação como parte de uma aventura – uma experiência incomum e excitante – tenha determinação e se esforce ao máximo.

A seguir, vejamos algumas últimas dicas cujas letras iniciais, convenientemente, formam a palavra PRICE (preço, em inglês):

■ **P = Preparação.** Reserve tempo suficiente para planejar e escrever sua apresentação, assim como para fazer pesquisas. Pense com clareza. Se as mensagens mais importantes não estiverem claras para você, não estarão para o público. Caso você esteja fazendo uma introdução básica, não se deixe desviar do assunto por detalhes ou pontos de menor relevância. Mantenha-se interiormente animado. E atualizado com as tendências de sua área de atuação. Leia muito. Reserve tempo para pensar e trabalhar em novas ideias e abordagens. Não há uma fórmula predefinida. Seja você mesmo.

Estudo de caso: Durante anos, ao dar minhas apresentações, tentei ser como dois oradores famosos que sempre admirei: David e James. Leio seus livros, assisto às suas apresentações e até tento imitar suas maneiras. Levei um bom tempo para perceber que

■ **R = Relacionamento.** Ouça o público, crie afinidade com ele. Leia suas respostas. Caso necessário, mude de direção para manter o interesse dos participantes. Levei muito tempo para perceber que a relação que estabelecia com a audiência era crucial. As pessoas não ouvem simplesmente a apresentação, ouvem você – alguém igual e elas –, então, seja verdadeiro! Você pode até dizer algo do tipo: "Pode não parecer que estou nervoso, mas estou". Caso realmente esteja, isso pode aliviar a tensão.

■ **I = Incisividade.** Tenha algo definitivo para dizer. O público foi lá para ouvir sua abordagem pessoal sobre o assunto e não afirmações vagas que qualquer um possa fazer.

■ **C = Controle.** Lembre-se de que você provavelmente sabe muito mais sobre o assunto do que todos, ou quase todos, na audiência. Eles estão basicamente do seu lado! Esteja preparado, no entanto, para ser flexível. O inesperado pode acontecer. Pode haver um alarme de incêndio justo quando você estava chegando ao ponto mais importante. Ou apenas aparecerem duas em vez de 20 pessoas. Aprenda a reagir a eventos reais. Se souber o suficiente sobre o assunto em questão, conseguirá se sair bem.

■ **E = Entusiasmo.** Sua apresentação é uma oportunidade para impressionar e não uma chance de fracassar. Você vai conseguir!

Lembre-se do acrônimo PRICE se quiser se sobressair nas apresentações.

podia ser eu mesmo, que o estilo de me apresentar e ensinar era único e tão válido quanto os deles. Como resultado, agora relaxo muito mais – dá bem menos trabalho do que quando se tenta ser outra pessoa! –, e o público também sai beneficiado.

Índice de jargões

Acrônimo
Palavra formada pelas letras iniciais de outras palavras. Um exemplo disso é PARIS: Público-alvo, Análise, Recomendações, Interpretação e Setor-alvo.

Aliteração
Uso da mesma letra do início de duas ou mais palavras. Esse recurso é empregado, por exemplo, para ajudar a lembrar-se de expressões durante uma apresentação.

Alusão
Referência indireta ou implícita a um evento ou nome bem conhecidos.

Contato visual
Um olhar direto entre duas pessoas.

Controle da voz
O poder de direcionar e projetar a voz, especialmente no que se refere ao volume, à rapidez e à clareza da fala.

Diagrama de Gantt
O diagrama de Gantt ilustra a duração (dias, meses, etc.) de certas tarefas e é útil para mostrar programações.

Diagrama de ideias
Diagrama criativo que se desenha para gerar e capturar ideias em torno de uma palavra-chave central.

Estilos de aprendizado
As diferentes formas por meio das quais as pessoas aprendem. Ver públicos de aprendizado auditivo, cinestésico e visual.

Cavalete flip-chart

Suporte que serve para exibir folhas grandes de papel.

Fluxograma

O fluxograma é um diagrama que ilustra uma série de passos e é especialmente útil para mostrar os estágios de um processo.

Gráfico de barras

O gráfico é composto de barras de mesma espessura e diferentes alturas para indicar os valores que representam. É útil para comparar quantidades ao longo do tempo.

Gráfico de linhas

O gráfico de linhas mostra a relação entre duas grandezas ou tipos de informação (ao longo dos eixos vertical e horizontal) e como eles variam; é empregado para mostrar mudanças ou tendências ao longo do tempo.

Gráfico de setores circulares/Gráfico de torta

O gráfico de setores é um círculo dividido em fatias, que representam determinada proporção. É utilizado para comparar dados em relação a um todo, embora, dependendo do caso, possa ser de difícil compreensão.

Linguagem corporal

Os diferentes gestos, movimentos e expressões faciais que comunicam atitudes, sentimentos e intenções do apresentador.

Material impresso

Documento que é distribuído para o público para confirmar ou complementar as mensagens da apresentação.

Mnemônico

Mecanismo usado para ajudar a lembrar-se de algo, como uma imagem mental ou alguma palavra familiar.

Motivação
O desejo e a determinação de querer fazer algo; inspiração.

Público de aprendizado auditivo
São as pessoas que aprendem mais ouvindo a informação e gostam de discuti-la com outras pessoas, para saber o que elas pensam, como forma de ajudar no aprendizado.

Público de aprendizado cinestésico
São as pessoas que gostam de ser mais ativas e que absorvem melhor a mensagem ao praticarem o que lhes é ensinado.

Público de aprendizado visual
São as pessoas que gostam de ver as informações em fotos, diagramas, gráficos, tabelas e por escrito.

Recursos visuais
Meios de comunicação (como a apresentação de slides e os cavaletes flip-chart) ou conteúdos (como gráficos e tabelas) exibidos em formas visuais na apresentação.

Relação/Afinidade
Boa relação entre o apresentador e a audiência.

Ritmo
A velocidade com que a apresentação é feita.

Videoconferência
Reunião virtual em que os participantes interagem em tempo real por conexão de áudio e vídeo.

COLEÇÃO
SEGREDOS PROFISSIONAIS

Os livros da série *Segredos Profissionais* são indispensáveis para aprimorar suas habilidades corporativas. Dez guias, em linguagem clara e objetiva, trazem estratégias comprovadamente eficazes e de fácil aplicação sobre assuntos de grande importância: apresentação, liderança, negociação, marketing, entre outros do mundo corporativo. Coleção *Segredos Profissionais* – um novo impulso à sua carreira.

EDITORA FUNDAMENTO
www.editorafundamento.com.br

Conheça também outros livros da FUNDAMENTO

▶ **QUEM PENSA ENRIQUECE**
Napoleon Hill

Todos querem ficar ricos, mas poucos conseguem. Será que existe segredo para se tornar milionário? Você pode descobrir isso em *Quem pensa enriquece* – um livro que cada vez mais tem ajudado pessoas a se tornarem bem-sucedidas e poderosas!

Nesta obra-prima de Napoleon Hill, você vai conhecer as características de grandes vencedores, como Henry Ford e Theodore Roosevelt, e aprender a usá-las a seu favor. Use a imaginação, a persistência e o planejamento e mude a sua vida para muito melhor.

Editora FUNDAMENTO
www.editorafundamento.com.br